人生は奇跡の連続！

山川亜希子

角川文庫
19858

目次

Chapter 1 直感は宇宙からのメッセージ
「自分の気持ちを大切にする」ということ

Chapter 2

あなたの人生は奇跡の連続

「よいこと」なんて起こらない？

Chapter 3

自分の中の情熱に目覚めなさい

「夢の実現」をあきらめないで

Chapter 4
運命は最高のタイミングでやってくる
「人生の転機」が訪れるとき

Chapter 5 宇宙の流れに乗り、宇宙と一つになる

「人生はうまくいく」ようにできている

運命の流れに乗り、宇宙と一つになる――人生は、奇跡の連続！

Chapter 1

直感は宇宙からのメッセージ

「自分の気持ちを大切にする」ということ

自分の今の感情に敏感になる

あるセミナーに参加したときのお話です。

そこではみんなの前で自分の思ったことを話す時間がありました。
シェアリングと呼ばれていました。
みんなに自分の思いを分かち合う、という意味です。
集まっているのは、初めて会う人ばかりです。
みんな緊張しています。
そして、ほとんどの人は人前で自分の思ったことを話すことになれていません。

手をあげて先生にさされて、立ち上がります。そして、話しだします。すると、セミナーの最初のころ、ほとんどの人がそこで先生から質問を受けました。

「今、あなたは何を感じていますか？」

すると、みんなびっくりしてすぐには返事ができません。

いったい何を感じているのか、この質問にどう答えればよいのか、必死で考えます。そして、黙り込んでしまうか、または「私はこうではないかと思います」などと頭で考えたことを言います。


するとまた、「今、あなたは何を感じているの？」と先生が問いただします。

ますます、何を聞かれているのか、みんなわからなくなります。

そこでやっと先生が助け舟を出しました。

「私が聞いているのは、あなたが何を考えているかでなくて、今、あなたがどんな状態で、どんな感情を感じているか、何を感じているか、ということを聞いているのです。たとえば、ドキドキしている、不安だ、体が震えているとかね」

そこでやっと、生徒は自分の感情と体の感覚に目を向けます。

そして、

「今、とてもドキドキしています。みんなの注目の的になって、冷や汗をかいています」

といったことを話しはじめました。

私たちは自分が何を感じているか、知ることがとても苦手です。

つい自分の頭で考えていることのほうを大切にして、自分の感情や感覚を無視しがちなのです。

これまでずっと、理論的、論理的な思考のほうが、心や体の感覚よりも大切だとされてきたからです。

特に男性はこの傾向が強いですよね。

お母さんから「男の子は泣いてはだめ」と言われて育った世代さえあります。

その前には、「男は泣いても笑ってもいけない」とされていたこともあるほどです。

道徳というか、男はこうあるべきだ、という社会の規範が、このような傾向を作り出した大きな原因でした。

女性はそれに比べれば感情を表しても仕方ないとされていましたが、それでもそれは恥ずべきことだと、ずっと教え込まれていました。

自分の感情を我慢して押し殺すこと、それが美徳だとされていたのです。

私たちの心のどこかに、この昔からの社会的な規範が埋め込まれています。

このごろは変わってきたかもしれませんが、学校で教え込まれるのも、ものを覚えること、頭で考える力をつけることに重点が置かれていて、自分の感情や体の感覚をきちんと自分で感じ取る力をつける、ということはあまり大切にされてきませんでした。

その結果、赤ちゃんのころは、自分が感じていることを素直に感じ、泣いたり笑ったりしてちゃんと表現できていたのに、私たちは成長するにつれて、自分の感情や感じていることを無視したり、あまり関心を払わなくなったりするのです。

でも、イキイキと生きるために、自分の感覚や感情、感じていることに敏感になるのは、とても大切です。

自分に素直になるということだからです。

最近はみんなかなりこの点では自由になってきたと思いますが、まだまだ、頭のほうを重視して、感情の豊かさや柔らかさを大切にしない人がいっぱいいます。

うれしいことも嫌なことも自分の中にため込まない

喜びを感じているのに、それをかみ殺して面白くない風を装っている人もいます。

悲しいのに、それを隠して楽しいふりをすることもあります。

怒っているのに、「私は怒ってない」と言い張ったり、無理してにっこりしたりしていることもあります。

そんなことをしているうちに、私たちは感情を上手に表現できなくなってゆきます。

そして、自分が今、何を感じているかも、だんだんとわからなくなってしまいます。

しかも、感情をちゃんと表現しないでいると、それがつらい感情だと、だんだんあなたの心の中にたまっていって、あなたを苦しめるようになります。

そして、そんなことを続けているうちに、どんどんつらい感情が積み重なってゆき、人生が楽しめなくなってしまいます。


一方、楽しい、うれしい、幸せだ、といった喜びの感情を外に表さないでいると、だんだんそのような感覚を感じることができなくなって、周りがどんなに楽しくても、どんなに喜びに満ちていても、自分だけはそれがわからなくて、人生が本当に狭くなってしまいます。

人生のいちばん素敵なところを逃してしまうのです。


また、怒りや悲しみ、嫉妬《しっと》などの私たちにとって苦しい感情をため込むと、病気になることもあれば、仕事や人間関係がうまくゆかなくなることもあります。

このようなことは決して特別なことではなくて、多かれ少なかれ、誰もが体験しています。

病気の原因の多くは、心にため込んだ怒りや悲しみなどの思いであるという説もあるくらいです。

そして、人間関係が困難なときには、必ず自分の中に自分を傷つけるつらい感情が隠れています。

人間関係がよくないとき、相手のせいにしないで自分の中にその原因を探すのが解決のいちばんの早道です。

ですから、自分の感じている感情に敏感になり、それをきちんと表現することは、とても大切なことです。

それができれば、心も体も健康に、明るく過ごすことができるからです。

そして、自分の感情や感じていることを知ること、これは自分自身を知るときの大切な手掛かりにもなります。

怒りを感じている自分に気づいて、その怒りがどこから来ているのか探ってゆくうちに、いつも自分が同じことに怒りを感じていることに気づき、それが実は子ども時代のトラウマに起因していた、なんてことはよくあることです。

こうしたことがわかってくると、あなたはその怒りから解放されて、同じことが起こっても怒りを感じない自分、むしろそれを楽しんでいる自分に気づいたりします。

いままでは怒りを感じていたことに、今度は楽しみや喜びを感じるようになったとしたら、人生はずっと楽しいものになりますよね。

自分が感情や感覚に敏感かどうか、ちょっと気をつけてください。

怒りを感じている自分を感じたら、その怒りをちゃんと感じてあげましょう。

そして、自分にも人にもやさしい方法で、その怒りを表現しましょう。

または、ちゃんとその怒りを味わい、受け入れるだけで、その怒りは解放されてゆくこともあります。

そのようにしてゆくと、あなたはどんどん自分の感情や感じていることに敏感になり、しかも、あなたを傷つけるような感情をため込まずに済むようになります。

もう一つ、私たちにとって、とても大切なことがあります。

体の声を聞く、ということです。

つらい感情をため込んだままにしておくと、病気になるとよくいわれます。

どんな感情をため込むとどんな病気や症状になるか、分析した本があるくらいです。病気になる前に、肩こりや痛みや疲れなど、体が発するサインに気づくことが必要です。

それはあなたがつらい感情を何かため込んでいるサインかもしれません。

そんなときは自分の中にある思いや感情に、ちょっと注意を向けましょう。

イライラしていたり、誰かの一言にすぐに怒りを感じたり、いつも満たされない思いがあったり、深い悲しみを持っているのに、そのことにずっと気がつかなかったり、気づいていてもそれを解放せずに心に押し込めていたりするかもしれません。

もし、そのことに気づいたら、そのイライラや怒りや満たされない思いや悲しみを、思いきり味わいましょう。

そして、それでいいのよ、と自分を許しましょう。

つらい感情を心に押し込めてしまうのは、そのような感情を感じている自分に罪悪感を持ったり、よくないことだと思ったり、そのような苦しい感情を味わうのが嫌だからです。

でも、感情は一つのエネルギーにすぎません。

それを正直に味わって自分の中から外へと解放すれば、あなたの中にはもう、怒りや悲しみのエネルギーは残りません。そして痛みや肩こりも解消し、元気になります。

そこには幸せや喜びや愛のエネルギーが注ぎ込んでくるでしょう。

直感のままに動いてみることを試してみませんか

一五年くらい前のことですが、シリアとヨルダンに行くツアーに参加したことがありました。パルミラというシリアにある古代都市の名前を聞いた途端、ここに行かなければ、ぜひ行きたい、と思ったからです。

そこで、さっそく一五日間のツアーに参加しました。

行きたいと思ったのはパルミラだけです。他はどこに行くか、パンフレットを見ても無関心でした。というか、当時、シリアやヨルダンはほとんど知られていなかったので、地名を見ても何もわからなかったのです。

旅の最初に訪れたパルミラには、午後に到着するはずだったのに、飛行機が遅れて夜中にやっとホテルにたどり着きました。

翌日、期待にわくわくして出かけていったパルミラの遺跡は、確かに巨大な遺跡でしたが、なんとなく期待外れでした。ぴたっとくるものがなかったのです。

あれ、私はどうしてここに来たかったのかしら、とちょっとがっかりしました。

でも、それからあとの旅は、どこに行ってもただ、素晴らしい、楽しい、こんな世界初めて、という場所の連続でした。

喧噪《けんそう》の市場、活気に満ちた狭い街路、大きな虹《にじ》を目の前に見ながら越えた峠道、ダマスカスの大きなモスク。聖書が書かれていたアラム語をいまでも使っている小さな村のたたずまい。などなど。

そして、終わりのころに私たちはペトラというヨルダン南部にある遺跡に行きました。

私は何一つ、この遺跡のことを知りませんでした。

それどころか、ペトラに着いたとき、自分がいったいどこにいるのか、何を見に来たのか、わかっていませんでした。

いまでは日本でも非常に有名な場所ですが、当時はほとんど知られていなかったと思います。


朝、私たちは馬に乗ってペトラ遺跡へと向かいました。

私の馬は七〇歳くらいかと思われるおじいさんに引かれていて、そのおじいさんがゆっくりゆっくり歩くので、他の人からずっと遅れてしまいました。

ああ、おじいさんに馬に乗ってもらって、私が馬を引いたほうが早いなあ、などと思いながら、でも、のんびり周りの風景を楽しみながらゆられて行きました。

美しいピンク色の岩の間に続く狭い道をしばらく行くと、さっと視界が開けました。

そして、私の目の前に、ピンク色の素晴らしい教会のような建物がありました。エル・カズネと呼ばれる岩を掘って作られた建物でした。

そのときの感動といったら、もう、言葉に尽くせないほどでした。

もう茫然自失《ぼうぜんじしつ》というか、この世にこんなことがあるのかというか、自然が形作った素晴らしい小道をやってきて、その道が終わったと思った瞬間、そこには人間が形作った見事な造形物があったのでした。

しかも、私は何も期待していませんでした。

小道の先に何があるかなど、全然知りもしませんでした。

それに人よりもずっと遅れていたので、エル・カズネの姿が最初に見えたとき、周りには誰もいなくて、エル・カズネの出現を予感させる他の人の声もありませんでした。

たぶん、このことのために、私はシリアとヨルダンの旅に出かけたのでしょう。パルミラという地名は、私をそこに引き寄せるための一つのサインだったのでしょう。

直感に従って旅に出たこと、何も知らずにツアーに乗って、そこで与えられることを子どものような気持ちで受け取ったことによって、私は素晴らしいプレゼントをいただくことができたのでした。

私は旅に出るとき、同じような直感がやってきて出かけることがよくあります。トルコのカッパドキアという地名を聞いたときも、「この場所があまり観光客であふれないうちに行かなければならない」と思って出かけました。

中国とパキスタンの国境にあるグンジュラフ峠という海抜五〇〇〇メートルの峠に行きたいと思ったのも、その名前を聞いたときでした。ほとんど、行かなければならない、という感じでした。

すると、中国の西域から始まった旅は、これ以上ないというほどにスリルと素晴らしい風景に恵まれた旅になりました。

セドナ、というアメリカの観光地をご存じですか。

アリゾナ州にあって、有名なグランドキャニオンの近くにあります。いろいろな形をした赤い岩で有名ですが、地球のエネルギーポイントでもあり、スピリチュアルな探求をしている人々の憧《あこが》れの地でもあります。

セドナのことは以前から知っていましたが、「あそこは私の行くところではないわ」とずっと思っていました。

ところが一〇年ほど前、急に、「あ、セドナに行こう」と思ったのです。何かこう、どこからかこのメッセージが降ってきたような感じでした。

そしてすぐに、夫と二人でセドナに行きました。

すると、キャテドラルロックという大聖堂のような形をした美しい岩を見はらす素晴らしい宿が見つかり、そこに一〇日間も滞在して、うっとりするような日々を送りました。

直感が降りてきたときにその通りに動くと、なぜかうまくゆくように思います。

「宇宙からのお知らせ」を受け取る

何も理由がないのに、「あ、そこに行きたい」「それをしたい」「あの人に会いに行こう」「電話をしよう」などと思うことはありませんか。

なぜかわからないけれど、心に浮かんでくる思いです。

それが直感です。

そのような直感が来ると、すぐにその通りにしますか。

それとも、「でも、お金がないから今は無理よね」とか「私にはまだ早いと思う」

「相手はどう思うかな」などと、いろいろ理由をつけてつい、その通りにはしないほうですか。

もし、いつも何か理由をつけては、やってきた直感を拒否したり、無視したりしていることが多いようだったら、次に何か「こうしたいな」「あれはしないほうがよい」「電話しようかな」などとふと思うことがあれば、それを実行してみましょう。

もっとも、世界一周をしたいな、などという直感だと、すぐに実行するわけにはゆかないかもしれませんね。

だから、最初はもっと簡単にできることについて、試してみてくださいね。

直感って、何だと思いますか。

実は、宇宙からのお知らせなのです。

宇宙にはあらゆる知恵が詰まっていて、私たちはその知恵を時々、教えてもらえます。

それが直感、勘、第六感などと呼ばれるものです。

何しろ宇宙の知恵ですから、とても正確で私たちの役に立つ知恵です。

宇宙の知恵はあまり論理的ではありません。

ときに、まさか、と思うようなこともあります。

私たちの普通の常識とは違っていたりするかもしれません。

または、それまで、一度だって考えたことがないようなことが、ふと心に浮かんできたりします。

そう、直感って、心に浮かんでくるものです。

私たちの、いろいろごちゃごちゃ考えて心配したり、反省したり、無理だと思ったりしていつも忙しい頭とは全然別のところに、急に浮かんでくるものなのです。

だから、何かを始めるとき、とても用心深くああだこうだと考えて、石橋を叩《たた》いて渡らないようなことばかりしていると、直感を信じてその通りにするなんて、とても勇気が必要なことかもしれません。

いつも準備万端整えて、行動の結果を予測してから何かを始めるタイプの人も、結構直感を信じるのは難しいかな。

というよりも、そのような行動パターンをとっていると、直感が来なくなってしまいます。自分でなにもかも全部、コントロールしたいと思っているからです。

どこから来たかわからない直感よりも、自分が頭で考えたことのほうを大切にしていると、宇宙はもう、この人は私からのメッセージをほしくないのかなと思って、宇宙の知恵を送ってこなくなってしまいます。

というのは間違いで、宇宙はいつだって愛をこめてすべての知恵を私たちに送っています。頭ばかりを重要視して、心に浮かんでくる思いを無視していると、その宇宙の知恵を受け取るのがどんどん下手になってしまうだけです。

そうならないためには、最初はちょっと勇気が必要だとしても、心に浮かんできた直感をちゃんと認め、できればその通りに行動してみることがいちばんです。

もしかして、うまくゆかないこともあるかもしれません。

そのときは宇宙が伝え間違ったのだ、と思うかもしれませんが、そうではなくて、あなたがどこかを間違って受け取ってしまった、というのが本当です。

でも、たとえ、何回か失敗したとしても、直感だと思うものを受け取り、それを実行しているうちに、だんだん本当の宇宙の知恵やメッセージを受け取るのが上手になってゆきます。だから、あきらめないで挑戦してください。

しかも、直感の声を聞き、それに従う練習をしていると、次第に頭でごちゃごちゃ考える癖がなくなってゆきます。

失敗したらどうしようか、うまくゆかないのではないか、人にどう思われるだろうか、などの不必要であなたの行動力をそいでしまう考えが、自然に消えてゆくのです。

そして、頭でごちゃごちゃ考えている声が消えて、心の声、つまり宇宙の声である直感がもっとよく聞こえるようになるのです。

そうしたらしめたもの。必要なときはいつでも、宇宙の知恵が伝えられてくるようになります。しかも、それに沿って行動していると、すべてがうまくゆくようになります。

そして、もしうまくゆかなかったときには、ああ、まだ私はもっと勉強が必要だったのだ、宇宙はよく私のことをわかってるな、などと思えばよいのです！

自分の中の「真実の思い」に気づく

宇宙の声って、ときに「何もしなくていいのだよ」「ゆっくり休みなさい」など、とてもやさしいことを言ってくれることもあります。

だから、直感に従って行動しなさい、と言ってきましたが、直感に従うことが何もしないことだ、ということだってよくあることです。

直感は宇宙の知恵の声ですが、それは同時に、あなたの心の深いところにある真実の思いでもあります。

だから、その思いに従うということは、あなたの真実、あなたが本当にやりたいことに従う、ということでもあるのです。

私たちは自分のことはよくわかっている、と思っているかもしれません。ある程度はそうでしょう。自分が何を好きか、何をしたいか、何を欲しているか、どんな性格かなど、一通りは誰でも答えることができるでしょう。

でも、実は私たちはそれ以上の存在です。

自分で今わかったと思っている自分は、ちょっとした表面的な自分の一部にすぎません。

私たちはどこまでも深く、どこまでも大きく、どこまでも可能性を秘めています。

そして、その深さや大きさや可能性を教えてくれる一つの鍵《かぎ》が直感です。

心の深いところから来るメッセージであり、宇宙からの愛のメッセージだからです。

最初は小さな直感、「あの人に電話しよう」「パルミラに行ってみたい」「少し休もう」といった思いを大切にしていると、少しずつ、心のふたが開いてゆきます。

そして心の中から、大切な思いがわき出てくるようになります。

ときにそれは自分では思ってもいなかったことかもしれません。それどころか、それまでの自分の常識とは相反することである場合だってあります。まさかと思い、恐れを感じることもあるかもしれません。

でも、それが本当にあなたの思いであれば、最初は「そんなことありえない」と思って拒否したとしても、それはしつっこくあなたに繰り返し、聞こえてくるでしょう。そして、いつの間にか、あなたの常識や恐れは薄れていき、反対にその思いが自分の心にぴったりしてくるのです。

そして、自分でも気づかないうちに、その方向に一歩、踏みだしているかもしれません。

すると、宇宙や精霊や天使や周りの人たちや状況など、ありとあらゆるものがあなたを助けてくれるようになります。やっと、あなたが自分の道を歩きはじめたから。

そう、直感に従って生きる、ということを知り、少しずつ実行してゆくと、あなたの人生が豊かになってゆきます。

思ってもいなかった広がりができるかもしれません。

何よりも、それまで何かをするたびに不安があったり、あれこれややこしく考えたり、失敗したときの予防線を張ってみたり、言い訳したりすることがなくなります。

こうしたことはあなたのエネルギーをいっぱい使ってしまうので、がっくり疲れてしまいます。

それがなくなるだけでも、私たちの毎日はずっと充実したものになってくるでしょう。

もう一つ、直感を高めるためにとても大切なことがあります。

感謝する心です。だって、宇宙が私たちに教えてくれるのが直感ですもの。

だから、宇宙に感謝し、それを聞く耳を持っている自分に感謝するのです。

ありがとう、教えてくれて、と感謝すると、宇宙は「どういたしまして」とうれしそうに答えます。

というと、ちょっと嘘っぽいですね。

でも、私が精霊からメッセージをもらいはじめたころ、私はいつも「教えてくださってありがとう」「私を導いてくださってありがとう」と伝えていました。

すると、精霊は「どういたしまして」とそれはうれしそうに返事してくれました。

だからきっと、宇宙もそう言ってうれしそうに笑っているような気がするのです。


そして、もっともっといろいろ教えてくれるようになります。

私たちの聞く耳もどんどん発達してゆきます。

そして、最後はどうなるかというと、宇宙と自分が一つである感覚が生まれてくるでしょう。実はそれこそが、直感を大切にしようという意味なのですね。


なかなかそこまではゆかなくても大丈夫。


実は私たちははじめから宇宙の一部であり、すべてのものと一つだからです。

ただ、それを私たちは忘れているだけです。

そして、今はそのことを思い出す時代です。

直感を大切にすることを覚えると、一体感への道が早くなるのです。

自分は頭人間だ、と思っている人はぜひ、試してみてくださいね。

理屈をつけないと動けない人も一度、自分の枠を広げて、ふと思ったことを実行に移してみましょう。

他の人をその人の学歴とか財産とか経歴で判断しがちな人は、その人に会ったときの自分の第一印象をもっと大切にしてみましょう。

そんな小さなことから始めてみると、きっと少しずつ新しい世界が開けてくるでしょう。

抵抗して力んでいる自分を楽にしてあげる

アメリカでアクチュアライゼーションというワークショップを受けたときのことです。

友達にぜひと誘われて、あまり乗り気でなかったのに夫と二人で出かけました。私たちは同じようなワークショップを受けて、そこですでに自分を制限していた自分でも気づいていなかった思い込みに気づくという、素晴らしい体験を何回もしていました。

同じようなワークショップですから、つい、以前に自分が受けたものと比較してしまいます。先生の一言一言や、それに対する生徒の反応なども、いちいち批判的に見ていました。

それにしても、あまりにも面白くないワークショップでした。新しいこともほとんどありませんでした。そして最後の日、もう我慢できなくなって、途中で帰ってしまうことにしました。

そう主催者に告げると、彼女は烈火のごとく怒り、私たちにあれこれ文句や攻撃の言葉を浴びせかけました。私も最初は負けじと言い返していました。「だってくだらないのですもの」「私はもう、こんなことやってきたもの」などなど。

でも、二〇分も言い合っているうちに、私の中で何かが変化しはじめました。

あれ、あと二時間だけではないの。それくらいだったら、最後まで残っていても別にいいじゃない。

そう思ったのですが、最初はそう思う自分を認めることができませんでした。

少し前まで、絶対に帰る、こんなワークショップにはこれ以上、我慢できない、と息巻いていたのですから。いまさら、その言葉を撤回することはできないと思いました。

それに、彼女との議論に負けるのも嫌でした。自分のほうが正しいはずなのに。

でも、「いいじゃないの」という声が聞こえたのです。

すると、倒れてくる壁を必死に押して倒れないようにがんばっていたのに、すっと力を抜いて壁を倒れさせたかのような感覚がやってきました。

壁のなくなった私の前には大きな空間が広がっていました。

そして力が抜けて、とても楽になりました。

「わかりました。最後まで参加するわ。ありがとう」と私は言いました。

するとまた、自分の中が信じられないくらい、軽くなりました。

いままで突っ張って力んでいた私が、すっと楽に自由になって、しかも明るくなっていました。

ああ、抵抗していたのだな、抵抗をやめて自分の気持ちに素直になると、こんなに楽になるのだという大きな大きな体験でした。

また、これは負けることの大切さも教えてくれました。

相手を議論で打ち負かして勝とうと思っていたとき、私は緊張してこわばっていました。カチンカチンに固まっていました。

それが、負けることにした途端、私はとても楽になったのです。

どうでもよいことに、勝つか負けるか、必死になっていた自分にも気づきました。

負けるが勝ち、ということわざがありますが、それがよくわかったのです。

結局、私はワークショップで、いくつもの貴重な学びを得たのでした。

自分の気持ちを大切にしましょう。

その気持ちをきちんと表現しましょう。

たとえ、それがそれまでの自分の気持ちとは正反対でも、そのまま認めましょう。

私たちの気持ちは動いています。

それまで絶対と思っていたことも、ふと、そうではないと思うこともあるでしょう。

そんなときには、柳のようにしなやかに、その自分を認め対応してあげてください。思いが変わるとき、それはあなたの心のもう少し深いところの思いが湧きあがってきているからです。

それまで抵抗していた私が、「最後まで残っていてもいいじゃないの」と思ったとき、それは私の心に少し割れ目ができて、もっと奥にあるゆったりとした思いが顔を出していたのです。

私たちの心には何層もの思いが詰まっています。

奥のほうの思いを感じることができるようになるためには、自分の思いを大切にすることです。

そうしていると、次第に深いところにある思いがいつも顔を出すようになります。

そしてだんだん思いやりと愛に満ちた思いをいつも感じることができるようになるのです。

今の時代、あらゆる情報が社会に満ち満ちています。

テレビ、新聞、本、インターネットなど、何かを知りたいと思えば、すぐに知ることができます。

でも、私たちが本当に知らなければならないことは、自分自身の思いや感情です。

自分自身に気づくことなのです。

宇宙の知恵を受け取って、
行動すること

直感を大切にすることです。
宇宙の知恵を受け取って、
それに基づいて行動できるようになることです。
それは誰にでもできること。
そして今、どんどんたくさんの人が
そのようになっています。
あなたもその一人になりませんか。

※

今日の困難を突破って、
信仰する事を

Chapter 2

あなたの人生は奇跡の連続

「よいこと」なんて起こらない？

人はそれぞれ自分らしい生き方を選ぶ

もうずっと以前のことです。そのころ、私は三〇代の中ごろで、外資系の会社で働いていました。

ある日、近所まで買い物に行った帰り道で、ばったり、一〇年前の知り合いに会いました。あら、久しぶり、お元気ですか、から始まって、私たちはカフェに入って旧交を温めることにしました。

話は昔の思い出から始まって、やがて、彼女の現在の状況へと発展してゆきました。

以前、出会ったときからとてもユニークな女性でしたが、当時、彼女が生きている世界は私の世界とはまったく違う、まるでやくざ映画に出てくるような世界でした。彼女は私には想像できないような波乱万丈な人生を体験していたのです。

でも、彼女は私から見たら小説のようなその体験を、ごく当たり前のように話すのです。その話を私はわくわくしながら聞いていました。

そして思ったのです。

この人はなぜ、こんなに波乱万丈で普通では体験できないような事件にであうのだろう。

私の人生はそれに比べると、なんて平凡でつまらない人生なのだろうか。

そして、彼女が何だかうらやましくなりました。決してその人生は幸せとはいえないのにです。

彼女と別れてから、私はぼんやりと考えていました。

どうして、私の人生はこんなに平凡なのだろう。

それに比べて、彼女はどうしてあんなに変化にとんだ小説みたいな人生を送っているのだろうか。

そして突然、思いました。

そうか、人にはきっと運命があるに違いない。

彼女は波乱万丈な運命に生まれてきたから、あのようなことが起こるし、私はたぶん、とても平凡で何も特別なことの起こらないつまらない人生を送る運命に生まれたのだろう。

私があのような体験をすることはないに違いない。

したいと思っても、絶対にできないだろう。それは私の運命ではないから。

私はこれからも普通でないことは起こらない、平凡で穏やかな人生を過ごすのだろうと。

それは当時の私にとっては大きな気づきでした。

人はそれぞれ違うのだ、そして一人ひとり、まったく違った人生を歩むように生まれてきているのだと、やっとわかったからです。

すると、波乱万丈な体験をしている彼女をうらやましく思うこともなくなりました。

自分の平凡な人生も少しは受け入れられるようになりました。

まだ、自分の何もないあまりにも平らかな人生をちょっとつまらないなとは思っていましたが。

自分自身を愛せるようになる変化の兆し

それから五年ほどたったころ、神戸《こうべ》に転勤になった夫に単身赴任してもらって、私は東京で働きながら一人暮らしをしていました。

神戸と東京での別居生活が一年すぎたころ、夫が不思議なセミナーに参加しました。当時、アメリカから日本に輸入された、自分自身を見つめ、自分自身に気づくためのセミナーでした。

セミナーを受けてから、夫は急に変わりはじめました。

以前よりも明るくなり、友達が増え、人生について書かれた本を夢中で読み、知恵のある言葉を口にするようになったのです。

そして、「君は今のままではだめだ。もっと変わらなければいけない」と言いはじめました。でも、私は自分にそれなりに満足しているつもりでした。会社でも元気いっぱい、明るく働いていました。

彼の変貌《へんぼう》ぶりに動揺し、抵抗していた私も、その八か月後、そのセミナーに参加しました。何をするのかもよくわからずに、ともかく夫の勧めに従って行ってみたのです。

そして、私はそのセミナーを受けたおかげで、それまで自分を閉じ込めていた狭い枠から抜け出すことができました。セミナーに行く前は、自分がそんな狭い枠に閉じこもっていることさえ、気づいてはいなかったのでした。

急に世界が変わって見えるようになって、最初のころは自分に何が起こったのか、まったくわかりませんでした。

ただ、それまでよりもずっと気持ちが落ち着き、自分も人も許せるようになり、すべてが美しく見えました。

太陽の光が二倍、明るくなったように感じられました。

そしてそのセミナーの上のクラスに参加して、私はさらに大きな気づきを得ることができました。

私を縛りつけ、私の可能性や幸せを制限していた思い込みに気がついたのです。

私の場合、それは「私は生きていてはいけないのに、こうして生きている」という思いでした。これは私のいちばん深いところに巣食っていた思いでした。

この思い込みは、私が母のおなかの中にいたころに作られた思いでした。

そんな昔に自分で抱え込んでしまった思いは、ほとんど私と同化していました。

だから、それに気づくまで、かなり時間が必要でした。

自分自身を見つめ、自分の気持ちを正直に認め、悲しみや苦しみや悔しさなどの感情をしっかりと受けとめつづけたとき、やっと自分が心の奥底にしまいこんでいたこの思いを見つけだせたのでした。

そのときは生まれ変わったように感じました。

そしてやっと、自分を本当の意味で愛せるようになりました。

生きていてもよいのだと、許せるようになりました。

そして、人生がずっと楽しくなりました。

もう、自分を証明するために、夢中で努力する必要もなくなりました。


もう一つ、このセミナーで学んだ大切なことがありました。

「自分自身を知りなさい。自分の内側に何があるか知りなさい。それがいちばん大切な学びです」ということでした。

それまでの私は、人間は二〇歳ころまでは体が大きく成長しながら、心や知能が発達し、多くの知識を吸収して成長してゆくけれど、一度大人になってしまえば、もうあとは同じで成長することはないと、思い込んでいました。

あと少し良くなるとすれば、英語を習ったりお習字を習ったりして、それを身につけることぐらいしかない、と信じていたのです。

でも、本当の人間としての成長は、学問や外国語の能力や様々な技術を身につけることではなく、自分の内側にあるものを発見してゆくことです。

つまり、自分の外側にある世界に目を向けるのではなく、自分の内側に、自分自身に目を向けることがいちばん大切なことなのです。

そうすることによって、私たちは自分自身を深く知り、自分自身の持つ可能性に気づき、人生を十分に生きることができるようになるのです。

そのことを知ってから、私は自分を少し客観的に見ることができるようになりました。

自分を見ているもう一人の自分がいつもいるようになった、と言ってもよいと思います。

そして、自分の中に自分を制限したり、いじめたりしている気持ちや思い込みや感情があることに気づきはじめました。

そのような気持ちや思い込みや感情の存在に気づくと、不思議なことにそのような気持ちは少しずつ、消えてゆきました。

そして、それと同時に、私はもっと自由に、もっと明るく、もっと積極的に生活できるようになってゆきました。

宇宙の真理に出会う瞬間

そのころ、私はアメリカのワシントンDCに住んでいました。夫がワシントンDCに転勤になったからです。アメリカの自由な雰囲気もよかったのかもしれません。

私の心はどんどん広がってゆきました。

人生の豊かさを感じ、それまで感じていた「自分の人生は平凡でつまらない」という思いも、薄れてゆきました。

そんなとき、夫が私に一冊の本を読むように勧めてくれました。

ハリウッドの有名女優、シャーリー・マクレーンが書いた『アウト・オン・ア・リム』という本でした。

映画女優の本だと思って読みはじめたのに、それは魂を探索する彼女の旅を描いた本でした。

私はあっという間に本に引き込まれて、夢中になって読み進みました。

そこには私が知らないこと、チャネリング、精霊、輪廻《りんね》転生、ETの存在など、まるで百科事典のように様々なことが書かれていました。

私は本を読みながら、シャーリーと一緒に旅をしていました。

彼女がハワイに行けば私もハワイに、彼女がスウェーデンで霊媒に会えば彼女と一緒に霊媒の姿を見、声を聞いていました。

本の後半、彼女がペルーの山奥に行って、不思議な体験をするところなどは、ただもう、わくわくして彼女と一緒に歩き、語り、人と会い、食べ、鉱泉で温まり、怒り、喜び、寒さに震えていました。

そして読み終わったとき、「ああ、私が知りたいのはこのことだった。そして知っていたのもこのことだった」と思いました。

自分の世界があっという間に大きく広がって、宇宙の真理に出会ったと感じたのです。

三年前、初めてセミナーで自分の思い込みに気づいたときの興奮と同じか、もっと大きな興奮と喜びに包まれていました。

でも、その興奮を他の人に話すわけにはゆかない、とどこかで私は知っていました。彼女が語っているスピリチュアルな事柄は、その当時はあまりにも普通の考え方からかけ離れていて、やたらな人に話してもわかってもらえなかったでしょう。

だから、誰にも話さずに、私は自分の中に広がった新しい世界を味わい、温めていました。もしかして、それがよかったのかもしれません。シャーリーが語る不思議な世界は、私の中で熟成し、しっかりと根をおろしてゆきました。

それからしばらくたって、夫が突然、「僕はこの本を日本語に訳したい。日本の人たちにぜひ、自分を知ることが大切だ、ということを知ってほしいからね」と言い出しました。

私はびっくりしました。だって、彼は役人です。翻訳など、したことがありません。

そんなことできるのでしょうか。

それに、シャーリーはとても有名です。特に、彼女は日本にも住んだことがあって、お嬢さんに「さちこ」という名前をつけたほどです。

その人が書いた本が、まだ日本語になっていないなんて、とても信じられませんでした。

でも、夫は「そんなことはわからないよ。出版社に聞いてみよう」と言って、ニューヨークの出版社に電話しました。

すると、まだその本の日本語版は出ていませんでした。そのうえ、どこの出版社にも版権が買われていませんでした。

「どこか、日本で出版してくれる会社を探して、そこに版権を買ってもらいなさい。そして、あなたが訳せばよいのよ」と夫は教えられました。

でも、私たちはアメリカにいて、しかも日本にも誰一人、出版社と関係のある人を知りませんでした。どうやって出版社を探せばよいのでしょうか。

でも夫はあきらめずに、『アウト・オン・ア・リム』を日本語にしたいという思いを温めていました。

しばらくすると、日本の出版社を紹介してくださる方が現れました。

そして、夫がアメリカからその出版社に電話すると、快く出版を引き受けてくれました。


大喜びする夫に私はずうずうしく頼みました。

「本の後半分を私に訳させて」

そして、二人でこの本を訳すことになりました。

二人とも、本格的に翻訳をするのは初めてです。

それなのに、どこからか言葉が飛んでくるような感じで、すらすらと翻訳は進んでゆきました。

英語を読むと情景が浮かんできて、それを日本語で表現してゆく、そんな感じでした。

三か月で翻訳の作業が終わり、やがてワシントンDCでの夫の三年間の勤務が終わって、私たちは帰国することになりました。

そのころから、私たちに不思議なことがいっぱい、起こりはじめました。

すべてのものとつながる喜びを知る

そして帰国する一週間前、私たちの人生を一変させる出来事が起こりました。

なんと、私たちにサン・ジェルマンという精霊（体を持たない知恵のある存在）から、メッセージが伝えられたのです。

その日、私は引っ越しのすんだ家に不動産屋さんが来るのを待っていました。夫はオフィスに出かけて残務整理をしていました。

お昼頃、夫から電話がかかってきました。

「友達から電話があってね、チャネラーになった人がいて、その人に会うと面白いよと教えてくれたんだ。さっき電話したら、今日の夕方、会えるというので、会ってくるね」

午後七時ころ、夫は汗だくになって帰ってきました。

どうだった、と聞く私に、夫はなぜか声をひそめてそのチャネラーが教えてくれたことを話してくれました。

「今、地球は変わり目にある。人間の意識が変わらない限り、地球の未来はない」

「人間の意識を変えるために、宇宙全体が必死に動いているが、肝心の人間にも協力してもらう必要がある」

「シャーリーの本は人々の意識を変えるために、宇宙が彼女に書かせた本である」

「その本をあなた方に日本語に訳してもらったのも、私たちなのだ」

「今、私たちはこの仕事に協力してくれる人間を探している。ついては、あなた方も私たちと一緒に人々の意識を変えるために働いてはくれないだろうか」

そのうえ、彼女は夫の前世のことも教えてくれました。

それによると、夫はその昔、中国の皇帝の親類に生まれ、世の中をよくしようとして反乱を起こして失敗し、最後は殺されたそうでした。

もう一つ、ロシアに生まれたときに、やはり世の中を改革しようとして革命を起こして失敗した前世もあったそうです。


まさに、えっというような内容でした。でも、この話を聞いたとき、私はなぜか、これは本当に違いない、と思ってしまいました。私のよいところはシャーリーと同じで、信じやすいおバカさん、というところなのです。

人々の意識を変えるために働いてくれないだろうか、というところは特に心に深く入ってきました。


その途端に、私の中で何かがすっかり変わりました。そして周りの世界も変わってしまいました。

世界は今や、私が目で見ているものを超えて、大きく無限に広がっていました。

その無限の広がりの中で、私はすべてとつながっていました。

そして、目に見えるすべてのものがそれまでとは違う輝きを放ち、違う意味を持っていました。

すべてのものが、目に見えるその奥に、さらにずっと深くて広い世界を持っているのがわかりました。

次の日、私はそのチャネラー、リアに電話しました。私も話を聞きたくなったからです。

すると彼女は、「あなたから電話が来るのを待っていたのよ」と言いました。

うそでしょ、と思わず私は思ってしまいました。

「これから書くので、あと三〇分したら電話をまたしてね」と言って、彼女はすぐに電話を切りました。

書くって何のこと？

なぜ、彼女は私から電話が来るのを待っていたの？

三〇分後に電話するって何のため？

私の頭は疑問だらけでした。

三〇分たって電話をすると、彼女は言いました。

「ではメッセージを読みますね」

そして、すらすらとその「メッセージ」を読み上げてくれました。

それによると、私は夫が中国とロシアで反乱や革命を起こしたとき、彼の奥さんでした。

そのときも彼を助けていたので、今回も夫が人々の意識を変える仕事をする手伝いをしなさい、という内容でした。

あーら、奥さんだったの。何だかつまらないなあ。というのが私のとっさの気持ちでした。夫が革命を起こした、反乱を起こしたなどというのに比べて、その奥さんでした、というのでは、そのときの自分が何をしていたか、どんな人だったかわからず、ひどく無個性的というか、その他大勢的な感じがしたのでした。

メッセージの最後は、「あなたもリアに会いなさい」という一言で結ばれていました。

そこで、翌日、私は彼女に会いに行きました。

そして、夫が話してくれたのとほとんど同じ話を、私も彼女を通じてサン・ジェルマンと名乗る精霊から教えられたのでした。

そして私もまた夫と同じように、「人々の意識を変えるために私たちと一緒に仕事をしませんか」と呼びかけられたのでした。

実は夫の話を聞いたとき、まだ私は呼びかけられたわけではない、という感じがしていました。まだ他人事《ひとごと》だったのです。

でも、この日を境にして、私の生きる目的が決まりました。

「自分も含めて人々の意識を変えるために精霊たちと一緒に働くこと」

それが私の生きる目的になったのでした。

それからの私の人生には、思いもよらなかったことがどんどん起こってきました。もう、ああ、私の人生はなんて平凡でつまらないのだろうか、などと思っているひまもなくなりました。

目の前に次々に現れてくることを、夢中で一つずつ、受け入れ、対処し、楽しみ、苦しみ、悲しみ、そして何よりもそこから学ぶ毎日が始まったのでした。

一〇日後、日本に帰国した私たちを待っていたのは、夫の父の死でした。私たちが帰ってくるのを待っていたかのように、義父は旅立ってゆきました。

その半年後、シャーリーの『アウト・オン・ア・リム』の日本語版が出版されました。

一九八六年三月のことです。

そして、私たちは思ってもみなかった翻訳家になってしまいました。

自分たちが望んでいたわけでもありません。そのために特別に勉強したり努力したりしたこともありませんでした。

一冊の本を訳したい、と夫が思ったときから、私たちの人生は少しずつ、そしてある時どっと、変わってしまったのでした。

いま「平凡な人生」を振り返ってみると……

こんな人生の大転換を体験した私ですが、いま振り返ってみれば、大転換の前だって、私の人生は結構、変転に富んでいたと思います。

つまらない平凡な人生などでは、まったくなかったのです。

いつも恵まれていて、何一つ不自由なくて、わがまま勝手に生きていました。

その中で様々なことを体験してきました。

私が生まれたのは第二次世界大戦の真っ最中、大変な時代でした。

家の真上をアメリカ軍のB29が飛んでいくのをかすかに覚えています。焼夷弾《しょういだん》が家の庭に落ちて、母が必死に箒《ほうき》で火を消していたのも、夢のように覚えています。

そして戦後の食糧難も体験しています。

学校時代は普通の子どもだったけれど、大学は東京大学でした。まだ、東大に入学する女性が極端に少なかった時代です。

卒業するときには、そのあと自分が何をすればよいのかわからなくなって、一年間、鬱《うつ》状態に陥っていました。

それも無事に何とかクリアして、二五歳のときにマレーシアのクアラルンプールで結婚式を挙げました。

それから三年間、なんと、外交官夫人をしていました。めったに経験できませんよね。

三年たって帰国したのですが、子どもがいなかったので、仕事をしたいと思いました。

それで英文タイプを習い、ジャパンタイムズの求人欄で仕事を探して、三〇歳のときに初めて外資系の会社に就職しました。

三〇代は会社を移りながら、ずっと仕事をしていました。

四〇代になる直前に、さっきお話ししたセミナーに参加して、人生の見方がまったく変わってしまいました。

そしてアメリカで三年間過ごして、帰国直前にまさに青天の霹靂《へきれき》そのままの大事件が起こったというわけです。

誰の場合も、その人にとっては自分の人生は何も特別のことが起こらない平凡な人生だと思えたとしても、実は一人ひとり、それぞれにユニークな人生を送っているのだと思います。

でも、自分にはない体験をいっぱいしている人の話を聞くと、つい自分の人生がつまらなく感じられ、平凡なものに見えてしまうのでしょう。

そして、何で自分はその人のような特別の体験ができないのだろうかと思ったり、ああ、あの人のようなひどい体験をしなくてよかった、とホッとしたりするのです。

または、あの人はあんなに素晴らしい体験をしているのに、私には何もよいことは起こらない、素晴らしいこともない、などと思ったりもします。


それはあなたが人と自分を比較しているからです。

そして自分にしかないユニークな人生を歩いている自分を忘れてしまいます。

そして、自分の人生が色あせてつまらないものに見えてきてしまうのです。

でも、それはずいぶん損なことですよね。

自分の人生や体験がつまらないものに思えるのは、自分自身がつまらない人間だと思ってしまうのと同じですから。

それでは、人生はますますつまらなくなってしまいます。


自分の人生を振り返ってみましょう。

何もないと思っていたのに、結構いろいろな体験をして、今のあなたになっていることに気づくでしょう。

そのときは別に何とも思わなかったけれど、いま思うとあれは大変だった、あのときは本当に夢中だった、天にも昇る思いだったな、などという体験にも気がつくかもしれません。

それに、今、あなたの人生が平坦《へいたん》で何事も起こらずに無事に進んでいるからといって、いつ、どこでどんなことが待っているか、わかったものではありません。

私の人生の大変化は四〇歳をすぎて起こりました。

私の友達には、もっと年をとってから急に人生が変わった人もいっぱいいます。

あなたの人生にどのような大波乱が起こるか、どんな成功が待っているかなんて、いまはわかりません。だから、自分の人生はなんて平凡なのだろうかと、決めつける必要など、どこにもないのです。

「私には何もよいことが起こらない」は本当のことですか

自分の人生は平凡でつまらない、と思うだけでなく、あの人にはあんな素敵なことがいっぱい起こるのに、私には何もよいことが起こらない、と不満を持っている人もいると思います。

それは本当ですか。

本当に何もよいことが起こったことがないのでしょうか。

いままでも本当に何一つ、よいことがないのでしょうか。

それはあなたの思い違いです。よいことの起こらない人生なんて、実はありません。

だって、この世に生まれてくるだけで、すごいことなのです。
素晴らしく運のよい出来事です。

日本に生まれてきたことだって、とても素晴らしいことです。
大人になるまで、成長したことだって、とても素晴らしいことです。

それだけでも、あなたの人生は成功しているのです。素晴らしい成功です。

友達が一人でもいれば、それもまた、素晴らしいことだし、お母さんやお父さんと仲がよければ、それ以上に素晴らしいことはないかもしれません。
仲良しのきょうだいがいれは、それもラッキー。

恋人や夫（あなたが男性であれば妻）がいて、さらには子どももいるならば、たとえどんな問題をいま抱えていようと、それだけで幸運なことです。

そんな身近なことを思っただけでも、実はあなたの人生はそのままで素晴らしいのです。

よいことがいっぱい起こっているのです。

あなたが思っているよいことって、何なのでしょうか。

私の人生には何もよいことが起こらない、と思っているとしたら、それはあなたが「よいこと」とは何かすごいこと、めったに起こらないようなことだと思っていたり、さらには具体的に「有名になる」「お金持ちになる」「素晴らしい恋人を持つ」「お医者様と結婚する」「絶世の美女になる」「人気者になる」「あの仕事を手に入れる」「あの人のようになる」などと、夢のようなことが実現することが、よいことだと思ったりしているからかもしれません。

それでは、よいことを人生に見つけることは難しくなってしまいますね。

だって、そのようなことはめったに起こらないし、一回起こったとしても、それはすぐに普通のことになってしまって、また次のよいことを追いかけることになってしまいかねないからです。

それに、「よいことが起こらない」と嘆くのは、過去の自分を悔んでいることです。

「だからこれからもそうだろう」と思っているとしたら、それは自分で未来を灰色に塗っていることです。

そしてそのとき、あなたは今、今というこの瞬間を生きていません。

過去を悔んでもどうにもならないし、未来を灰色に思い描いているとそれがそのまま実現しかねません。

引き寄せの法則、という法則を聞いたことがありますか。

その法則によると、私たちが思っていることが私たちの人生に引き寄せられてくるそうです。

大切なことは、今、この一瞬に思いを向けること、過去や未来のことばかり心配したり悔んだり、ぼんやりと考えたりしないことだそうです。

今という一瞬に集中するのです。

今、あなたがやっていること、今のあなたの感覚、あなたが見ているもの、聞いているもの、周りにあるものとのつながり、そういった今の瞬間を大切にすることです。

過去や未来を考えているとき、私たちは今にいません。

そして、今の素晴らしさ、美しさを逃してしまいます。

よいことは誰の人生にも起こっています。

必要なことは自分の人生に起きているよいことに気がつくことです。

つまり、よいことに敏感になることなのです。

そのためにも、今の一瞬に集中して、その一瞬一瞬を味わい、見つめ、感じることです。つまり、よいことに敏感になることなのです。

よいことって、今、これを書いている私のすぐそばにもいっぱいあります。

お隣の庭に咲いているピンクのしだれ梅、台所から漂ってくる焼き芋《いも》のよいにおい、部屋の静けさ、すぐそばで輝いているお誕生日にいただいた黄色いガーベラ、新しいパソコンの使いやすさ、外出から帰ってきて新聞を読んでいる夫の存在。そして太陽の日の光。

それ以外にもいっぱいあります。

肩は凝っているけれど、でも元気な私。
さっき友達から電話があったこと。
今日は家じゅうを掃除して気持ちよいこと。

そう、何もかもがよいことなのです。

そのよいことに気づくこと、よいことに敏感になること、それが大切なのです。
そして、よいことに敏感になればなるほど、すべてがよいことに見えてきます。
そして、あなたの人生もよいことで満ちあふれた素晴らしい人生に思えてくるし、
どんどん素晴らしい人生が実現してゆくのです。

素晴らしい自分、素晴らしい人生を発見する

どんどん素晴らしい人生が実現してゆくからと言って、ずっとよいことばかり起こるわけではありません。もちろん、そのような人もいるようです。でも、私の場合は違いました。

いままで説明したようなことがわかったあとでも、またまた落ち込んでしまったり、病気になったりしました。

最近、私は年のせいもあって、いろいろと体調がおかしくなりました。

それまでは海や山に行っては、「若い人に負けないわ。かえって、彼女たちより、

私のほうが元気よ」などとひそかに自慢していました。

それが、二年前、ハワイの冬の海で泳いで帰国してすぐ、私はひどいめまいで倒れてしまいました。

それでも、これは一過性よね、と気軽に考えて、自分の体をちゃんといたわることをしませんでした。

そして、どんどん体調が悪化して、もう、これは何とかしないと、というところまで追い込まれてしまいました。

そこでやっと、健康を回復するためにいろいろな努力をしはじめました。

私は心の問題が体の不調として表れているのだと思いました。

私の場合だけでなく、ほとんどの場合、体の病気は心に解決されていない悲しみや恐れや不満などがあって、その重みが体を痛めつけて、いろいろな体の症状となって現われてきているものなのです。

ですから、お医者様に行ったのはもちろんですが、薬には頼るのをやめて、心をきれいにするために様々なワークショップに参加しました。

そして、子どものころから抱え込んでいた脅《おび》えの感情や、まだ少し残っていた無価値観、働いていたころのつらさやさびしさなどに気づき、それを手放すことができました。

それとともに体のほうも健康を取り戻しはじめました。

しかももっと素晴らしいことに、私の生き方がすっきりし、感情的なしこりや重さが減って、とても楽になったのでした。

そう、人生には山あり谷ありです。

でも、嫌がらずに谷を受け入れ、しっかりと体験し、必要なことをきちんとやってゆけば、私たちはもっと素晴らしい山にいる自分を発見できるのです。

谷は私たちがもっと幸せになるために、もっと成長するために、もっと明るく楽しくなるためにあるのです。

そして、一つ谷を越えると、次の谷はもっと浅くて越えるのが簡単になります。

そして、ついには、ほとんど谷のない人生になってゆくのです。

そう、谷間でさえ、つらいことでさえ、不幸なこと、よくないことだとあなたが思うことでさえ、実はよいことなのです。

すべてはよきことのために、という言葉があります。

これは昔から世界中でいわれていることです。

どんなことがあっても、その苦難を乗り越えたとき、私たちにはさらなる広い世界が広がっている、ということでしょうか。


そして実は、この世にはよいこと、よくないこと、などという区別がないということもだんだんわかってくるでしょう。

物事はそうあるだけ、それを自分にとってよいことか、悪いことかと判断するのは、あなた自身でしかないのです。


それにつらい谷間があるからこそ、人生は面白いのだといってもよいでしょう。

楽しいことも悲しいことも、つらいこともうれしいことも、あらゆることを味わう、それこそが人生のだいご味なのかもしれません。

甘いばかりのお料理では飽きてしまいます。

からい味、にがい味、酸っぱい味もあってこそ、美味《おい》しい食事になるのと同じです。

きっと私たちはそれをどこかで知っていて、つらいことや苦しいことも自分の人生に引き寄せているのでしょう。

運命を変えるために、最初に必要なこと

私の人生なんて、って悩んだり、
文句を言ったりする必要など、ちっともありません。
あなたの人生はあなたにしかない、
とても貴重な人生です。
宇宙でただ一つしかないユニークな人生です。
その人生を大切にしましょう。
それこそが、運命を変えるために
最初に必要なことです。

Chapter 3
自分の中の情熱に目覚めなさい
「夢の実現」をあきらめないで

子どものころを思い出して自分の原点に戻る

あなたは子どものころ、どんな夢を持っていましたか。
大人になったら、何になりたいと思っていましたか。
その夢は今、かなえられていますか。
それとも、ずっと前にあきらめてしまったでしょうか。

もしかして、夢は一つではなかったかもしれません。

今のあなたはそのうちのどれかをかなえているかもしれません。

でも、それが子どものころの夢の実現だと、気づいていないこともあります。いちばん大きな夢をかなえていないばかりに、自分に不満を持っているかもしれません。

さあ、子どものころの夢を全部、思い出してみましょう。

子ども時代のことを思い出すって、ときにとても大切なことです。私たちの原点に戻ることでもあるからです。

子どものころの夢なんて、もう忘れてしまったというならば、まずは子どものころ、何が好きだったか、思い出してみましょう。

小学校のころの作文が残っていたら、それを読むとそのころの夢が書いてあるかもしれません。友達と話していると、そこにヒントがあるかもしれません。両親やきょうだいと昔のことを話し合うのもいいでしょう。

そんなチャンスがないときには、リラックスして目をつむって、子どものころの自分に戻ってみましょう。

何をしているあなたが目に浮かびましたか。

絵を描いているあなたかもしれません。
木に登っているあなたかもしれません。
おままごとをしているあなた、ボール投げをしているあなた。
何かに夢中になっているあなたの姿が見えますか。

子どものころ、好きなことは何でしたか。
何を集めていましたか。
どんな友達がいましたか。
うらやましかったことは何ですか。
何をしていると幸せでしたか。
そして、そんなころ、何になりたかったか、どんなことをしたかったか、どんなことに憧《あこが》れていたか、思い出しましょう。

何でもよいのです。子どものころの幸せだったときの気持ちを思い出すだけでも、何かが変わってきます。

そして、そのとき、自分が何をしていたか、どんな夢を持っていたか、思い出すかもしれません。

子どものころの夢を思い出すと、どんな気持ちになりますか。

わくわくしますか。ドキドキしますか。

悲しくなる人もいるかもしれません。

楽しくなる人もいるかもしれません。

どんな気持ちになるにしても、その夢があなたの人生にとって、大きな意味を持っている証拠です。だからこそ、いろいろな気持ちが出てくるのです。

そして、もう一度、自分のいままでの人生を振り返ってください。

その夢は何かの形で実現していますか。

それとも、すっかり忘れ果てているでしょうか。

あなたはその夢をちゃんと実現しているかもしれません。

どの程度、実現したか、よく見てみましょう。

自分の人生を振り返ってみると、いつの間にか、子どものころに憧れていたことを実現するための訓練になるようなことを、自然に行っていた自分に気づくかもしれません。

もしかして、今、自分がしていることは、まさに子どものころに夢見たことだったのだと、今、気づいた人もいるかもしれません。

私がそうでした。翻訳を始めてしばらくたつまで、不完全な形でも自分が子どものころの夢を実現しはじめていることに気づかなかったのです。

子どものころの夢を実現させている人にも、あきらめてしまった夢や、もっと他にもあるかもしれません。いつ、どこで、なぜ、その夢をあきらめてしまったのでしょうか。

夢をあきらめてしまったことに気づいた人は、なぜ、あきらめてしまったのか、ちょっと思い出してください。

自分の思いよりも周囲の問題、お金や家のこと、両親の反対、などによって、あきらめた人もいるかもしれません。

こんな大きな夢が実現するはずがないと、最初から本気でなかったのかもしれません。

夢を思い出したとき、その夢にまだ心がときめくようであれば、あなたの中にはまだ、夢の火種が残っているのです。

あきらめてしまったと思っても、夢はまだ、あなたが本気で取り組んでくれるのを待っています。いままでの人生は、その夢を実現するために必要だったのかもしれません。

もし、あなたが今の人生に物足りなさを感じていて、しかも夢を思うとドキドキする、なんてことがあれば、今こそ、夢を実現するときです。

自分の行くべき方向が見つからないとき

私は小学生のころ、作文を書くのが大好きでした。他の勉強はどれも苦手だったのですが、作文の時間だけは二年生のころからわくわくして書いていました。

遠足や運動会のあとの作文などは、書くのがうれしくてたまらなかったものです。

しかも、いつも先生から五重丸をいただいて、幼いころの私のただ一つの自慢でした。

さらに、家に帰るといつも「お人形さんの絵」と母が呼んでいた女の子の絵を描いてばかりいました。

私が自分の部屋で机に向かっているのに気づいて、「あ、宿題をしている」と思って母がのぞいてみると、いつもお絵かきをしていました。

母はかなりの教育ママだったので、そのたびに叱られたものです。

どんな絵を描いていたかというと、女の子の絵でした。しかも、お話を作りながら、絵を描いていました。

たいていは、貧しいかわいそうな女の子が何もない小さな家に住んでいて、お金持ちの女の子にいじめられながらもけなげに生きていく、みたいなお話でした。なぜか、私は貧しい女の子に憧れていたのです。

もう少し大きくなって小学校四年生くらいになると、今度はノートに童話を書くようになりました。

お父さんを亡くした子どもが元気をなくしてうつむいて歩いていると、その様子を天国から見ていたお父さんが心配して、息子を元気づけるために応援する、といったお話を書いたことを覚えています。

いまでもそのお話を書きながら、その場面をありありと心に思い浮かべていたことを思い出します。

友達と一緒にそんな童話や物語を集めて、文集を作ったこともありました。

また、詩を作るのが好きで、学校の休み時間になると、詩を作ったりもしていたものです。これは中学校の二年生くらいまで続きました。

それまでは長編小説に挑戦したり、短編小説を書いてみたりと、ともかく書くのが好きでした。ひそかにいつか、小説家になりたい、なんて思っていたものです。

でも、高校に入った途端、そんなことにまったく興味がなくなってしまいました。いつの間にか、自然とお話を書くことも詩を作ることもなくなりました。

どちらかというと、もっと社会問題に関心が移っていったのかもしれません。ちょうど日米安保条約改正問題が盛んだったころでした。国会周辺にはデモ隊が押し寄せていました。

どこかで大人になるとは、社会的なことを理論的に理解したり解釈したりできるようになることだと、思い込んでいたようです。

そして、その続きのように、大学では経済学を学びました。もう、そのころには物書きになる夢など、まったく忘れ果てていました。経済学に本当に興味を持っていたかどうかは、自分でもよくわかりませんでした。

大学を卒業するときには本当は何をしたいのか、よくわからなくなって、自分の人生をどの方向に持ってゆけばよいのか、まったく見当もつかなくなっていました。

しばらく時間稼ぎのように大学院で勉強したあと、二五歳で結婚しました。

そして、三〇歳になって、初めて社会に出て会社で働きはじめました。

そこでは、調べて分かったことや自分の考えを言葉にして表すという仕事をしました。英語と日本語の翻訳も必要な仕事でした。文章や言葉と再会し、翻訳という仕事に出会ったのです。

その会社は四年でやめ、次に入った会社では、今度は文章を使ってレポートを書いていました。調査結果をレポートにまとめるのですが、文章力がとても大切な仕事でした。しかも、人々の気持ちや考え方を知るという仕事だったので、人々の気持ちを知ることも必要でした。

この仕事はとても気に入っていました。文章を書く、かなりまとまったレポートを書くということで、私は大きな満足感を得ることができたのです。

でも、自分がその昔、物書きになりたかった、ということは思い出しもしませんでした。

それから五年ほどたって、気がつくと私は英語の本を日本語に翻訳していました。最初はそれを仕事にする気はなかったのですが、いつの間にか、翻訳家になっていました。完全な物書きとは言えないけれど、日本語の文章を書く、本を出すという意味では、子どものころの夢がかなり実現していたのです。

ずっと忘れていたのに、いつの間にか、そうなっている自分がいることに気づいたとき、本当にびっくりしました。

そして、時々雑誌にエッセイを書いたり、本の訳者あとがきを書いたりと、自分の文章を書く仕事もさせていただくようになりました。そして、ついに自分の本も出せました。

そして、自分の人生を振り返ったときに気づいたのです。私は幼いころの夢をこの年になって果たしたのだと。そして、ずっとその夢を忘れていたのに、神様は私をその方向へとそっと押してくださっていたと。

就職するときも、決してレポートを書く仕事がしたい、などと思って仕事を探したわけではありませんでした。

三〇歳をすぎていたので、ともかく採用してくれる会社があれば、喜んで働かせていただいただけでした。

でも、そこで与えられた仕事は、私の幼いころの夢へと向かう小さな一歩を踏みだすための訓練となるような仕事でした。

きっと、私はどこかでずっと物書きになる夢を温めていたのでしょう。

たとえ、自分ではすっかり忘れて、もう無理よね、などとあきらめたつもりになっていても、胸の奥のほうではその種火がずっと燃えていたのだと思います。

そして、それは大きな火がともされるチャンスが来るまで、辛抱強く私の胸の中で待っていてくれたのでした。

すぐにかなわない夢でもいいのです

さあ、子どものころの夢をもっともっと、イキイキと思い出しましょう。

最初はそっと、心の中でいつも思っているだけでもいいのです。

子どものころの夢を思い出すと、心がふっと温かくなって、懐かしいような甘酸っぱいような気持ちになりませんか。

その気持ちをもっともっと温めて、ふくらましてみませんか。

今、あなたにこのように呼びかけていると、私も自分の夢を完全には実現していないことに気づきました。

まだ、小説家になる夢をちっとも果たしていないのです。

それを私も温めてゆきます。


まだ、私のその夢は実現には遠い感じです。まだまだ温まっていない、ふくらみきっていない、自分の中で強い衝動になっていません。

あなたの夢はどうですか。


十分にふくらましてゆくと、温めてゆくと、だんだん心の中に強い衝動、ああ、こうしたい、このことを実現したいという思いが湧きあがってくるでしょう。

そして、きっと何かが起こってきます。

それがあなたの人生の夢であれば、きっと、神様が、宇宙がその実現を応援してくれるからです。


パウロ・コエーリョという世界的な人気作家がいます。

彼の代表作、『アルケミスト』の中に、こんな一節があります。

「おまえが何かを望むときには、宇宙全体が協力して、それを実現するために助けてくれるのだよ」

これは本当です。私たちが自分の夢を実現すること、それが宇宙の望みであり、いちばん大切なことだからです。だから夢の実現のために、いろいろと手を貸してくれるのです。

そのためにはまず、自分に飛び込んでくる情報に気づくことです。

子どものころの夢を十分に温めて、十分にふくらませて、実現したいと思いはじめると、いままで目に入らなかった情報が自然と飛び込んでくるようになります。

または、いままでそんなことに興味がなかったと思った友達が、実はずっと前から、あなたが今、始めたいと思っていることについて、詳しかったということがわかったりします。

急に望みの仕事に誰かが誘ってくれるかもしれません。

そして偶然の一致がいっぱい起こってきます。

そのような情報に気がついたり、またはよいお話が舞い込んできたりしたときには、勇気を出して飛び込んでみましょう。

自分にはちょっと無理、できっこない、私なんて、といったいままであなたの行動を制限していた思いを、今こそ捨てましょう。

自分の中にある情熱を信頼しましょう。

すると、そこからまた、次のステージが始まります。

すぐにうまくいく夢もあれば、もっと試練や鍛練が必要なものもあるでしょう。

でも、確実なことは、夢を実現するために行動するとき、あなたの人生はずっと充実感にあふれるということです。

そして、それがどのような展開を見せるにしても、次の人生へとさらに展開してゆきます。

夢を実現するのに遅すぎることなんてない

「私はもう年だから……」
そう、子どものころの夢を実現するには、自分はもう、年をとり過ぎていると思う人もいると思います。

でも、人って、どんどん変わってゆきます。
そして、いくつになっても、可能性は無限です。
それを制限しているのは、自分自身だけです。
社会的な常識に毒されているだけです。

たとえ、あなたが病気であったとしても、夢を実現したいと熱望しはじめた途端、病気がよくなりはじめることだってあるのです。

それほどに、私たちの情熱はすべてを変える力を持っています。

もう、自分は年だから、いままでと同じにのんびり、ゆったり、何も新しいことをせずに暮らしたいのが望みであれば、それは素晴らしいことです。

あなたはもう、すでに自分の望みを実現しているのですから。

でも、もし、こんな年になったのに、私はまだ自分の道を見つけたい、もっと何か、自分にはできることがあるのではないか、という思いがあるのだったら、年がいくつかなんてことは気にせずに、夢を追ってみましょう。

子どものころの夢の通りにはならないかもしれないけれど、夢を追うプロセスで、あなたは素晴らしい体験をできるはずです。

そして、毎日が充実してくるでしょう。元気になって、若返って、夢以外のことにも意欲的になることでしょう。

そして、自分の夢をいくつになっても追っている人や、還暦をすぎて夢を実現させた人、新しい夢を見つけた人など、世界中にはあなたに元気を与えてくれる人たちがいっぱいいます。

私たちはみんな、いくつになってもわくわくして夢を追うことができるのです。

いつでもアンテナを立てておきましょう

子どものころの夢を思い出せない……それでも大丈夫。

そんなときは、自分の周りにある情報に注意しましょう。

アンテナを立てておくのです。

友達から何かを聞いて、あ、それは面白そうだ、と感じたら、もっとよく聞いてみたり、自分で調べたりするのです。

そして、興味をそそられたら勇気を持ってやってみましょう。

テレビを見たり新聞を読んだり、電車に乗っていたりする時にも、ヒントはいっぱいあります。

いままで聞き逃していたことや、自分にとって何か意味があるかもしれない情報をキャッチするのです。

そのためには、心を大きく開いて、いままで関心がなくて心を閉ざしていたものも、あなたの意識の中に入ってくるようにすることが大切です。

そうすると、意外なことに心がときめくあなたがいるかもしれません。

興味がわいてくるあなたがいるかもしれません。

そして、そのとき思い出すかも。あ、私は子どものころ、こんなことが好きだったのだと。

たとえばダンス。

私は自分がダンスを好きだなんて、思ってもいませんでした。だから、ディスコとか、社交ダンスなど、自分にはもっての外、とずっと避けていました。自分はやぼったくて運動が苦手で、ダンスなど、柄ではない、と思い込んでいたのです。

でも、三〇代になって初めて会社のイベントでディスコに行ったとき、音楽に合わせて踊る楽しさに目覚めました。

そして思い出したのです。小学生のころ、ともかくフォークダンスが大好きだったこと。中学生、高校生のときには、運動会で踊るダンスが本当に楽しかったことを。

そして今、夫と一緒にスピリット・ダンスというクラスを開いています。それも始めたのは五五歳をすぎていましたよ。

また、五八歳のころ、突然、ドルフィンスウィムを始めました。ハワイまで行って、野生のイルカと泳ぎたくなったのでした。

イルカに興味があったわけでもなく、海が大好きだったわけでもありません。ほとんど突然、イルカと泳ぐのもいいかも、と思ったのです。単なる直感でした。

でも、一度行くと病みつきになって、それからは毎年、ハワイやバハマまで出かけてイルカと一緒に泳いでいます。

ドルフィンスウィムを始めるまでは、私は足の立たない海で泳ぐなんて、怖くてできませんでした。実はほとんど泳げなかったのです。

でも、イルカと泳ぎたいという強い思いに押されて、今ではシュノーケルとフィンをつければ、深い海でも平気で泳げるようになりました。

もう一つ、偶然の一致に注意するのもよいかもしれません。シンクロニシティとも言われていることです。

たとえば、同じ日に同じ映画の話を三回も耳にしたとか、絵を習ってみたいと思っていたら、友達が「私、絵を習いはじめたのよ」と話してくれたなど。

このような偶然の一致はあなたに何かを教えるためのサインです。

その映画を見に行くと、あなたは子どものころの夢を思い出すかもしれません。友達に紹介されて絵を習いはじめたら、自分にいままで思いもよらなかった絵ごころがあることに気がつくかもしれません。

もちろん、子どものころのことを思い出さなくても、やりはじめたことが楽しければ、わくわくしてできれば、もうしめたもの。あなたの人生は変わりはじめます。

楽しいことをするとき、私たちは元気になり明るくなり、そして人の輪も広がってゆくからです。

そして元気になり明るくなれば、人生そのものが変わってゆきます。
未来に対する恐れも減ってくるでしょう。
ネガティブに考える癖も、姿をひそめるでしょう。
そして、人生に対する勇気も出てくるでしょう。
そして、あなたの夢がいつの間にか、実現しているのに気がつくかもしれません。

心のプロセスでエネルギーを取り戻す

もう一つ大切なことがあります。

子どものころを思い出す、ということです。

子どものころには私たちの秘密がいっぱい隠されています。

楽しかったこと、うれしかったこと、わくわくしたこと、そして悲しかったこと、悔しかったこと、さびしかったこと、憤慨したことなど。

楽しかったこと、幸せだったとき、うれしかったこと、わくわくしたときのことなどを思い出すと、自分が愛されていたことや、よい友達を持っていたことや、お母さんやお父さんがどれほど自分にとって大切か、改めて気づくかもしれません。

悲しかったこと、悔しかったこと、さびしかったこと、怒りを感じたときのことなどを思い出して、そのときの気持ちを再体験すると、自分の中にそのときの気持ちがまだ残っていて、今やっと、それが解消できたことがわかるかもしれません。

だから、子どものころの夢を思い出すついでに、子ども時代の他のことも、いっぱい思い出してみてください。

きょうだいと話し合うのもよいかもしれません。

お母さんやお父さんにいろいろ聞いてみるのもよいでしょう。

学校の友達と久しぶりに会って、そのころのことを話し合うのもいいものです。

先日、私は父の法事でずっと会っていなかったいとこたちと会うことができました。

子どものころ、毎年、学校が休みになると、一緒に過ごしていたいとこたちです。

最初は少しぎこちなかったけれど、話しているうちにお互いに子ども時代のことをいろいろと思い出しました。

彼らと話していることだけでなく、私は自分の中で子どものころのことをいろいろ思い出していました。

それだけで、私たちの心に風が通ってゆきます。
心が開かれてゆくのです。
子どものときの心を思い出します。
幼かった自分、若かった自分のエネルギーが戻ってきます。
そして、今の自分に力を与えてくれます。
そして、忘れていた夢も思い出すかもしれません。

大きな火がともされる、
チャンスが来るまで

幼いころに好きだったこと、
幼いころになりたかったもの、憧《あこが》れていたことなど、
あなたの心の中に
まだ小さな種火となって残っているのです。
もうこの年ではだめ、
どうせ私にはできない、などといって
どこかであきらめてしまっているかもしれません。
でも、もう一度、それを引っ張り出してみませんか。

Chapter 4

運命は最高のタイミングでやってくる

「人生の転機」が訪れるとき

「このままの私で十分」ではいけないの？

人によって運命とは何か、宿命とは何か、少しずつ意見が違うのではないかと思います。

運命は変えられるけれど、宿命は変えられない、といっている方もいらっしゃいますね。

運命という言葉の意味をあまり厳格に考えたことがないのですが、私は自分の一生は生まれる前にすでに自分で書いてきていて、今は自分が書いた本を毎日、一ページずつ、興味津々で読み進んでいるという感覚を持って生きています。

自分の人生をどのように感じるかは、人それぞれに違っていていてよいように思います。

運命という言葉を今はあまり正確に考えないでくださいね。

私たちがそれぞれ生きている道筋、みたいなものと思ってください。


若いころの私は、こんなことを考えたこともなくて、自分がなぜ生きるか、どうして生まれてきたかも知らずに、毎日、日々どのように何をして過ごそうかとだけ考えて、時間を過ごしていました。

今やっていることがどこにつながるかもわからなかったし、人生でいちばん大切なことも知りませんでした。というか、そんなことを考えたこともありませんでした。

「私はどこから生まれ、どこに行くのか、子どものころからずっと疑問に思っていた」という人の話を聞いて、すごいなあ、私はそんなこと、一度だって考えたことがないわ、と思ったものです。


私も一応、誰もが体験する人生の変化は体験してきました。

学校に入り、卒業し、結婚し、外国に行き、会社で働き、などといったことです。

どれも私の人生の大切な一部ですが、その間に私が大きく変わった、ということはあまりありませんでした。

環境は変わっても、私は相も変わらず、同じことに悩み、同じことに文句を言い、同じことを気にしていました。

そしてずっと、私の人生はそんなものだろうと思っていました。

そんな私に転機が訪れたのは、〈Chapter2〉でも書いたように四〇歳を目前にしたときでした。

当時の私は大好きな仕事をしていました。

会社の人間関係もよく、上司にも部下にも恵まれていました。

忙しくて残業続きの毎日でしたが、それまでの私の人生でいちばん楽しい毎日でした。

自分が変わりたいとも思っていませんでした。

このままの私で十分、もちろん、不満足なところはいっぱいあるけれど、でも、このままでいいじゃないの、という感じでした。

それがある日、夫があるワークショップに行って変わりはじめました。結婚して一五年たっていましたが、彼はこういう人、と私が思っていたイメージから、どんどん変わっていったのです。

そして、「君の生き方はそれではよくない」と私の生き方を批判しはじめました。思いもよらないことでした。だって、私は今の仕事が大好きだし、友達には恵まれているし、毎日幸せに過ごしていたからです。

自分のどこが悪いのか、よくわかりませんでした。

私は自己弁護に必死でした。

「私はこのままでどこも悪くないわ。とても幸せだし、みんなに好かれているし、仕事もうまくいっているもの」

でも、夫は許してくれませんでした。そして、自分が受けたワークショップに私も参加するように、説得しようとしました。

私はそのアイデアにも抵抗しました。

でも、夫に「君はそれではだめだ」と言われたとき、私はどこかでその通りだと感じていました。

どちらかというと暗い性格だ、みんなと冗談が言い合えない、どことなくおどおどしている、まじめすぎるなどなど。もう少し何とかならないかと、実は思っていたのでした。

でも、どうしてワークショップに行きなさいという夫に抵抗したのかといえば、怖かったからです。

夫に対しても自分に対しても、他の理由をいっぱい並べていました。

でも、夫の変化を見ていた私は、自分もあのように変わってしまったらどうしようかと、とても不安だったのです。

それまで四〇年近く、ずっとこういう人だと自分で思っていた私が私でなくなったら、どうすればよいのでしょうか。

十分にこうしたことを意識していたわけではありませんでしたが、八か月の間、私は様々な不安や恐れや、羨望《せんぼう》や疑問や、その他ありとあらゆる思いと向き合っていました。

すると、いろいろ不思議なことが起こりはじめました。

私の心にそのワークショップの存在をいやでも焼き付けるような偶然の一致がいくつも起こったのです。

最後は私の上司がそのワークショップの卒業生だということがわかり、彼にも「一度、受けてみなさい」と言われたのでした。

それもあって、私はついに、そのワークショップに参加することに決めました。

思い込みから自由になる、自分の枠をはずす

自分の不安や葛藤《かっとう》と向き合っていた八か月間があったためでしょうか、そのワークショップで私はとことん自分と向かい合うことができました。

自分のうまくゆかないところが、ワークショップの間にはっきりと表れてきました。人間関係の問題でした。

そして二日間という短い間でしたが、本当につらい思いをしたあと、やっと、それまで自分で自分を縛っていた何かを壊すことができました。

そして、気がつくと、私はそれまでとはすっかり違う世界にいました。

それはとても安心できる平和に満ちた世界でした。

自分を守る必要もなく、ただ、そこにいるだけで十分でした。

光に満ちた美しい場所でした。

実際、花の色がいままでとは違って見えました。

自分を含めて、すべての人がそれは美しく見えました。

そして、すべてが完璧《かんぺき》だということがわかりました。


自分に何が起こったのか、そのときはまったくわかりませんでした。

やっとしばらくたって、それまでの思い込みや考えや見方を捨て（完全に捨てたわけではなかったのですが）、そこから自由になったために、私の世界が変わってしまったということを知りました。

私の思い込みや考え方や物の見方、そして何よりも自分自身に対する思いが、ずっと私を縛っていました。

そして、私の世界を狭め、本当の世界を見えなくしていたのです。

その狭い見方で私はずっと、それまでの人生を過ごしてきました。

自分が変わるには何か新しいことを始めたり、友達を変えたり、仕事を変えることが必要だと、どこかで思っていました。

でも、自分の狭い考え方や思いから抜け出さない限り、どんな仕事についても、どんな友達を得ても、いつも同じ問題にぶち当たり、同じ悩みを持ち、同じ程度の喜びと楽しさを味わうだけでした。

でも、突然、自分の枠を取り払って新しい広い世界に入った途端、物事に対する私の態度や考え方が自然と違ってしまいました。

自分で考え方を変えようとしたわけではありません。

ものの見方を変える努力をしたわけでもありません。

広い世界に出た途端、それは当然のように変わってしまったのでした。

自分でも不思議なくらいでした。

そして、あまりあれこれ考えずに、必要なことをすぐにできるようになりました。

心配や不安もなくなりました。

一つ、例をあげましょう。とても小さな出来事です。

私は家を留守にするとき、ちゃんと戸締りをしないと出かけることができませんでした。東京の真ん中で育ったものとして、当然だと思っていました。

私の中で大きな変化が起きてしばらくたったころ、一日中、外出しなければならなくなりました。ところが、出かけようとしたとき、玄関の鍵《かぎ》が見つからないのです。イライラしながらあちこち探しましたが、見つかりませんでした。

最初、私は思いました。

「鍵をかけないと家を留守にできないわ。今日はずっと忙しいのに、これでは出かけられないではないの」

私はとても不機嫌になりかけました。

ところが、ふと思ったのです。

「でも、玄関の鍵をかけないからと言って、必ず泥棒が来るわけではない。たぶん、確率は多くて一パーセントよね。それに、盗まれて困るものも何もないじゃない」

自分でもびっくりするような考え方でした。

それまでの私であれば、最初の思いにとらわれて、その日一日、ぷりぷりし、イライラして、家で一日過ごしたことでしょう。

でも、すでに古い自分の殻から飛び出していた私は、ごく自然にもっと柔軟で現実的な考え方をすることができたのでした。

そのとき、私は本当にうれしく思いました。

自分が少し、成長したように感じたからです。

実はここで人生の変化、と私が言うとき、それは学校や仕事や結婚など、生活の変化を意味しているだけではありません。

もっと大切な変化があります。というか、本当の変化、人間としての成長、と言ったほうがよいかもしれません。

本当に人生が変わるとき、私たちの意識の変化が必要なのです。

内面の変化、と言ってもよいでしょう。

自分の思い込みや信念など、自分を縛って限界づけている思いから自由になることこそ、人生を変える大切なポイントです。

いままで自分で制限していて十分に花開かせることができなかった様々な力を、人生で発揮できるようになるからです。

そして、誰の人生も、すぐにではないにしても、イキイキとしてくるのです。


さらにもっと大切なことがあります。

意識が広がったとき、私たちは自分が一人ではないことに気づきはじめるのです。

私たちはみんなつながっていること、私たちは一つの存在であること、そして、すべての源である大いなるもの、または神、または宇宙に自分が守られていること、自分もまた、その一部であることなどを、次第に実感できるようになってゆきます。


そう、それまで狭い三次元の世界でしか生きていなかった私たちが、もっと広い、たとえていえば、三・五次元や四次元の世界まで、広がってゆくのです。

そして、感謝や愛、平和や思いやりが大切であること、それこそが私たちが生まれてきた理由であることが、なんとなくわかってきます。

そして、さらに自分がこの地球に何をするために生まれてきたのか、人生の目的が直感的にひらめくこともあります。

人生が変わってしまうのは、私たちがそれまでとは違う次元に生きはじめるからです。

同じ仕事を続けていても、その仕事の自分にとっての意味がもっとよくわかるようになります。

人によっては、もっと自分の力を発揮できる仕事に移る人もいます。

いずれにしろ、以前よりも広く高く、大きな意識を持ちはじめたとき、私たちは宇宙と、神と、大いなるものと、直接につながりはじめます。

そして、彼らと一緒に動き、働き、遊び、楽しむようになるのです。

今、世界中で多くの人々がこのような変化を体験しています。

そして、あなたもその一人なのです。

急がなくていい、自分のペースを信頼する

私はこのような根本的な生き方の変化は、自分が起こそうとしても起きるものではないような気がします。

その変化が起きるのは、ある人の言葉では「神の時間」だそうです。

私流に言えば、すでに自分で決めてきた時間、と言ってもよいかもしれません。

なぜ、自分で起こそうとしても起きるものではないのかというと、自分が変化したときに何が起こるのか、体験するまではわからないからです。

私たちに想像がつくのは、自分で作った限界、つまり、自分で自分の周りに作った

壁の中、いわば自分の領内で起こり得ることだけです。

その壁の外がどのような世界かは、想像することも見ることもできません。

だから、変わるということがどのようなことかも、いくら他の人の体験談を聞いたところで、理解できません。

身近な人が自分の壁を壊して意識を広げたとすると、私たちは彼がおかしくなったのではないか、と思ったりします。

または、「この人が成長したのはわかるけれど、このように変わってしまったことを私は許せない」と感じる場合もあります。


それでも、自分の領地という狭い世界から抜け出すときがいつか、誰にでも来ます。

よくあるのは、困難にぶち当たって窮地に追い詰められ、自分自身を捨てるより仕方なくなったとき、急に壁が崩れて楽になる、という場合です。

自分自身を捨てるとは、それまでの自分の思い込みや考え方、ものの見方、プライド、エゴなどを捨てるということです。

病気やけがをして死にそうになり、魂が体を抜け出して向こう側の世界のすぐ近くまで行く体験、臨死体験をして生き返ってから、すっかり人生に対する態度が変わった人も、世界中にいっぱいいいます。

こうした人々は、私たちの魂が永遠であること、死とは肉体が死ぬことであって、私たちの意識はずっと存在し続けることを、臨死体験によって悟るのです。

そして、愛が大切であること、私たちは一つの存在であることを私たちに伝えています。

死にそうにならなくても、病気は私たちの意識を変えるために、とても大切なきっかけの一つになります。

病気から完全に回復するためには、それまでの自分の考え方や思いやプライドや、または自己卑下や被害者意識など、自分を傷つけていた思いを捨てる必要があるからです。病気をして、周りの人々にやさしく看病されることによって、人のやさしさや有り難さに目覚め、さらに自分自身も愛の存在であることを知る人もいます。

病人の家族や友人にとっても、これは変化をもたらすためのよいチャンスになるでしょう。命の不思議さ、愛、人と人の関係など、自分自身の生き方を問う機会になるからです。

愛する人を失って、それがきっかけで大きな世界へと目を開かれる人もいます。人は肉体は死んでも魂はずっと生きている、ということに気づくのです。そして、人生の意味や自分の役割を発見してゆきます。

登校拒否や摂食障害など、子どもたちの問題で苦しみ、自分の子育ての仕方や自分自身の生き方を振り返って、それまでの思い込みや自分を傷つけていた感情から解放されたお母さんたちもいっぱいいます。

仕事を失敗する、人間関係がうまくゆかない、家族が不和だ、離婚など、普通は問題だとされるものはすべて、私たちにとっては気づきの大きなチャンスにほかなりません。

それは、「あなたの生き方を変えなさい。いままでのやり方ではうまくゆかなかったのだから、新しい意識に目覚めなさい。自分の世界を広げなさい」という宇宙からの愛にあふれたメッセージなのです。

そして、そのような困難な思いはほとんどないのに、なぜか、そのようなときがやってきた、ということもあります。

私の夫が最初に変化を体験したときがそうでした。

悩みも病気もなかったときに、彼はワークショップに出会ったのです。それは神様からのプレゼント、としか言いようがありませんでした。でもそのあと、彼は病気をして、さらに深い学びをする必要がありました。

いずれにしろ、これはその人のペースでその人が決めた時期に起こってくるのです。このことだけでなく、実は私たちの人生で起こるすべてが、私たちのそれぞれが持つペースで起こってきます。

ある人は才能を幼いころから発揮して、素晴らしい音楽家やスポーツマンになります。

ある人は大学で急に自分の本当に好きなことを発見して、その研究に没頭しはじめます。

ある人は、まじめなサラリーマンとして働いていたのに、急に土と親しむ生活をしたくなって、仕事をやめてしまいます。

そして、また他の人は、心の奥底にしまっていた願いを、年をとってから思い出して、旅に出るかもしれません。

それぞれに、私たちは人生のペースと展開の方向が違います。

他の人のペースと比べて、自分のほうが遅れている、早い、なんていうことはないのです。

あなたはあなた、そして、そのペースには何の間違いもありません。

それはあなたにとって最高のペースなのです。

あなたは自分のペースで学ぶべきことを学び、自分の奥へと入ってゆき、そして、ときが満ちたとき、自分の殻を破って大きな広い世界へ飛び出してゆきます。

いちばん大切なことは、あせらないこと、自分のペースを信頼すること。

そして、変化の兆しが見えたときには、逃げないで向かい合うことです。

でも、もしそのとき、あなたがまだ変化したくなければ、無理にそうする必要はありません。もっとゆっくりしてよいのです。
あなたのペースを大切にしましょう。

あなたは あなたのままでよいのです

私たちは常に変化しています。自分の枠の中に閉じこもっているときだって、その中で私たちは少しずつ、変わっています。

そう、さなぎがチョウになるまで、硬い殻の中でゆっくりと形を変えてゆくように、私たちは何も変化していないように見えるときでさえ、少しずつ、変わっているのです。

そして、あるとき、さなぎがチョウになるように、私たちは自分の殻を破って、光の中に出てゆきます。

そして、もっと広くて大きな世界でもっと自由に生きはじめます。

そのプロセスがどんなペースで進んでいくかも、その結果、いつ、どのように殻が破れるかも、あなたにはあなたのペースとタイミングがあります。

自分を信頼できれば、いや、信頼していないとしても、私たちの変化は進んでゆきます。

そう、いちばん大切なことは、そのままのあなたでよい、ということなのです。


あなたは今のあなたで完璧《かんぺき》です。

どんなにドジでも、どんなに怒りっぽくても、どんなにひがんでいても、どんなに変わりたいと願っているのに変われなくても、そのままであなたは完璧です。

必要なことを、あなたにとってとても大切な体験をしているのです。

あなたに必要なプロセスをまじめに、一生懸命やっているだけです。


そして、今のあなたに焦点を当てて、今の一瞬を味わいましょう。

過去のことをくよくよと気にしたり、将来はどうなるのだろうか、自分は変わることができるのだろうかと心配したりすると、今の一瞬に生きることができません。

今に生きるということは、過去や未来を手放して、今だけを意識することです。


私たちには今、しかありません。

過去はもう過ぎ去りました。

未来はまだ来ていません。

今、ここにあるのは今という一瞬だけ。

その一瞬一瞬が積み重なって私たちの人生が作られてゆきます。

過去や未来のことを考えはじめると、後悔や不安や、または希望的観測や心配などが私たちの心に湧きあがってきます。

そして私たちは今の一瞬を味わい、その一瞬に集中することができなくなってしまいます。


でも、今の一瞬に集中することはとても難しいことです。

練習が必要です。

私は毎朝、ラジオ体操をしていますが、気がつくと、体操が終わっている、ということがよくあります。

何か他のことを考えていて、体操をしている自分から気持ちが離れていたからです。

時々、自分はどのくらい、今の一瞬を意識できているか、試してみるのもよいですね。

電車に乗っているとき、景色を見ていたつもりなのに、気がつくとどこかに意識が飛んでいたなど、ちょっと面白い現象がいっぱいありますよ。


少し話題がそれました。

あなたはそのままでよいのです。

ただ、自分が今、何をやっているか、ちゃんと今の自分を見つめ、自分を客観的に見ることができるようになると、そのままのあなたが少しずつ、変わってきます。

自分を意識するだけで、私たちの内面が変わるからです。

そして、少しずつ、さなぎの中で芋虫からチョウに変わってゆくのです。

たぶん、自分を変えるためにいちばん効果があること、それは今の自分をそのまま許してあげること、認めてあげること、愛してあげることです。

今、あなたはそれができるようになるために、いろいろと体験しているのです。

さあ、そのまま、あなたの道をしっかりと歩んでくださいね。

今、どんな状況にいても、どんなにつらい目にあっていても、どんなに困っていても、どんなに苦しくても、どんなに楽しくても、どんなに幸せでも、そのままのあなたを温かく、やさしく、抱きしめてあげましょう。

そして、別に変わる必要もありません。

今のあなたはあなたのままで十分だから。そしてそのことに気づくことこそ、いちばん大切なことなのです。

自分を認めてあげるのです。

自分を一〇〇パーセント、そのまま受け入れるのです。

あなたがありのままのあなた自身を受け入れてあげたとき、あなたのうちにある「私はだめ」「私は不十分」などの低い評価を受けているあなたや、「もっと違う自分にならないと」「もっと成功しないと」「もっともっともっと」とがんばっているあなたが、ホッと安堵《あんど》のため息をつくのがわかるでしょう。

もう、がんばらなくてもいい、だって、私はこのままの私で十分なのだから、と本当に思えれば、あなたの人生がどんどん変わりはじめるのです。


素晴らしい逆説でしょう。

もう、のんびりしましょう。

自分を叱咤《しった》激励して努力に努力を重ねているあなたは、もっとのんびりしようね、と自分に言ってあげましょう。

私は怠け者だなどと、自分を責めているあなたは、責めるのをやめて、それでもいいよね、と言ってあげましょう。

自分自身を信じて、あせらない

自分のペースを信じましょう。
大切にしてあげましょう。
そして、ゆったりとあせらずに、
自分自身をもっと信じて。
一歩一歩、歩いてゆきましょう。

Chapter 5

宇宙の流れに乗り、宇宙と一つになる

「人生はうまくいく」ようにできている

必要なことを学ぶためのプロセス

一九八五年、私はリア・バイヤーズというチャネラーを通して、サン・ジェルマンという精霊と知り合いました。そして、私の人生は思いもよらない方向へと、導かれてゆきました。いわゆるスピリチュアルな世界にいきなり、突き落とされたという感じでした。

サン・ジェルマンに出会う前には、私はスピリチュアルな世界はシャーリー・マクレーンの『アウト・オン・ア・リム』を読んで少し知っているだけでした。

私たちは神の一部であること、精霊が私たちに様々な真理を教えてくれること、私たちは次なる進化のプロセスにいることなど、私は目から鱗《うろこ》、という感じでこの本を読みましたが、自分はあくまでも傍観者だと思っていました。

それが、リアと、そして彼女を通してサン・ジェルマンと出会うことによって、私はまさにスピリチュアルな世界の真っただ中に吸い込まれたのでした。それも自分では望んでいなかったのに。少なくとも、意識的には望んでいたわけではありませんでした。

その日から、私の新しい人生が始まりました。

文字通り、生きている世界がそれまでとは違ってしまったのです。

目に見える世界は今までと同じようにありました。

でも、その向こうにもっと深くて神秘的で圧倒的に素晴らしい世界が広がっていました。

何よりも、人々の意識を変えるために、精霊たちの手助けをするという素晴らしい人生の目的を与えられて、すっかり興奮してしまったのでした。

その後すぐ日本に帰った私たちは、同じような思いを持つ人々と知り合いました。

そしてリア・バイヤーズを日本に呼びました。

すると彼女の世話をしている間に、私もなんと、彼女と同じ能力、つまりチャネリングができるようになりました。

そして、サン・ジェルマンをはじめとして、セント・フランシスやイエス様から、いろいろな教えを受けるようになりました。

今では、このように精霊や天使や宇宙人からメッセージをもらっている人はいっぱいいます。まだまだ当たり前とは言えなくても、かなり普通のことになりました。でも、当時はまだそんな人はあまりいなくて、自分が特別な力を持ったような気がしたものです。

実はこれは誰もが持っている能力なのですが、ほとんどの人はその力を使っていないだけです。

新しい世界に入ったものの、私たちには大きな試練が待ち構えていました。夫が病気になったのです。

彼は若いころから、アレルギー性気管支炎という病気を持っていました。でも、普通の生活には大した支障もなく、元気でした。それが、急にスピリチュアルな世界に引き込まれ、現実の役人生活と精霊の導きを受ける生活とのギャップからでしょうか、リアに出会って日本に帰国し、しばらくたってからぜんそくの発作を起こすようになったのでした。

最初は大したことはない、と本人も私も思っていました。それに、二人とも、ぜんそくの恐ろしさを知りませんでした。アレルギー性気管支炎が少しひどくなったようなもの、と思っていました。

ところが、私がチャネリングをするようになってすぐ、彼はぜんそくで倒れ、救急車で病院に運ばれました。そして、そのまま緊急入院することになったのです。

実は、サン・ジェルマンが私たちに「手伝ってくれますか」と聞いたとき、私たちがOKですよ、と答えると、「しかし、この道はきついですよ」と二回も三回も繰り返して、私たちの決心を確かめていました。そして、夫のぜんそくこそ、精霊が意味するつらいプロセスの一つでした。

結局、夫は三年間、ぜんそくに苦しみました。一応、薬が効くようになっても、本当に治るにはあと五年、かかりました。

夫にとっても私にとっても、まさに試練の日々でした。

でもその試練が何のためなのか、私たちはおぼろげながら、わかっていたのが救いでした。必要なことを学ぶためでした。

・愛を知る
・感謝する
・自分を大切にする
・宇宙と一つである自分を感じる
・宇宙の愛、神の愛と、その完全性を知る
・自分の思い込みを捨てる
・自分を無にすることを学ぶ
・今に生きる

そして、確かにそのいくつかを私たちは病気を通して学ぶことができました。

そのときに必要な学びが終わったとき、もう、その病気は不要です。

夫は元気になり、私も看病から解放されたのでした。

そして、気がついたときには、夫は病気を理由に役所を退職し、私は市場調査の仕事をやめていました。

そして、スピリチュアルな本を翻訳するという仕事だけが残されていたのです。

それから二三年、私たちはずっとスピリチュアルな本の翻訳を続けています。すでに六〇冊近く、訳したでしょうか。そして、本を訳しながら、いろいろな学びを続けています。

私はその後も何回か、自分の成長を阻害している感情や子ども時代に身につけてしまった狭い考えや思い癖に気づくために、自分を見つめ、それを手放すというプロセスを行っています。というか、そのときが来ると、なぜかつまずきが起こって、人生を楽にするためにはもっと自分を見つめなければならない状況に追い込まれてきたのです。

そんな具合の悪い状況が来るたびに、私は自分と正面から向き合って少しずつ、自由を手に入れています。

そしてまたしばらくすると、自分を縛っているさらに奥深くに巣食っていたものに気づく、そんな繰り返しです。


もしかして、そんな作業は不必要なのかもしれません。

できればもっといっぺんに悟ってしまいたいです。

でも、たぶん、私はこのようなプロセスをするのが好きなのでしょう。

もっとさっさと楽になる道を選んでいる皆さんも、たくさんいらっしゃると思います。


とはいえ、私は宇宙の流れに乗っている自分を感じています。

よいことも、一見よくないように見えることも、すべては宇宙の流れの一つです。

うまくいっているときには、まるで風に乗って流れるように、軽やかに喜びに満ちて生きています。

でも、さらに大きな流れに乗る必要が出てくると、流れを阻害するような障害があらわれます。

病気、人間関係、仕事、お金、その人にとって、いちばん必要な学びをするために適したつまずきが見つかるのです。

そして、その障害を乗り越えたとき、私たちはさらに大きく雄大な流れの中にいる自分を発見します。

そしてこうしたプロセス全体が大きな流れであり、その流れに乗っていれば、必ず人生はうまくゆく、そんな感じがしているのです。

宇宙の贈り物を受け取る準備はできましたか

宇宙はときに、私たちが考えられないような素晴らしい贈り物を私たちにくださいます。

私たちの頭は自分が体験したこと、または見たことのあることしか、想像することができませんが、宇宙はそんな私たちの頭の限界を超えた素晴らしい計画を私たちにもたらしてくれるのです。

そして、私たちがすべきことは、お任せすること。自分たちに雨あられと降り注いでいる宇宙の叡智《えいち》や愛や光を、そのまま自分の中に受け取ることだけです。

ただ、すでに述べたように、宇宙の愛はときに、あなたを目覚めさせるために、よくないことのように見えるものを送ってくることもあります。

病気や様々な困難です。

それも、私たちがまだ、宇宙の本当の愛に気づいていないからのこと。

宇宙の愛と叡智を知ってもらいたくて、私たちをその方向に押しやるためにいわゆる「試練」を送ってくるのです。

ですから、そんなことがもし、あなたに起こってきたら、「ああ、なんて運が悪いのでしょう」などと思わずに、「なぜ、宇宙は私にこのようなことを送ってきたのかしら。自分のどんなところに気づいて、それを手放せばよいのだろうか」と思いましょう。

すぐにはわからないかもしれません。

でも、遅かれ早かれ、あなたは自分を制限している自分、自分を十分に大切にしていない自分、自分の価値を認めていない自分、怒りをため込んでいる自分、悲しみを手放さずにいる自分、幸せを自分に許していない自分などに、気づくでしょう。

そして、その自分を手放したとき、もう、試練は不必要になってあなたの周りから消えてゆくのです。

もし、あなたが素直に宇宙の叡智と愛を受け取る心を持っていると、そして、宇宙に対して完全にオープンで抵抗しない状態になると、もう、試練はあなたの人生に必要なくなります。そう、あなたは宇宙との一体感を確立して、もう、宇宙と分離することはなくなるからです。

生まれながらにそのような状態の人も、もしかして、この地球上にはいるかもしれません。でも、ほとんどの人は、生まれたときからずっと、自分を制限したり卑屈にしたりする思いを心に積み重ねています。

そして、その思いを取り去ってゆくときに、やっと宇宙からの叡智を受け取りはじめ、自分自身のネガティブな思いを手放すことによって、宇宙と一つになる方向へと歩んでゆくのです。

そして、宇宙は広大で無限です。私たちの成長も無限に続いてゆきます。

私たちが宇宙との一体感を深め、宇宙と常にともにいて、その叡智と愛と光を完全に受け取れるようになったとき、宇宙はさらに大きく広がって、私たちに次の学びを与えてゆきます。

そう、私たちの学びは無限です。決してとどまることはありません。

時に、いままで得た学びをしばらく、忘れることもあるかもしれません。

でも、それもよし、宇宙の計画です。

あなたがさらに深く、確実に宇宙の叡智を知るために、一時、いままで学んだことを忘れることだって必要なことがあるからです。


そして、宇宙と一つになったとき、私たちが経験するもの、それは平和です。静けさです。愛です。

そして、自由です。

自由自在にあなたは自分を表現できます。

常に宇宙からのインスピレーションを直感という形で受け取り、それをそのまま、素直に表現してゆくのです。

それが真の創造性です。

宇宙のメッセージをそのままこの三次元に表現すること、それが本当の創造なのです。

私たちが宇宙と一体になったとき、何一つ、問題はなくなります。

いままでもそのような状態を実現した人たちはいました。

でも、それは少数の特別の人に許されているだけでした。

でも、今は違います。

今はすべての人にそのときが来ているのです。

すべての人が自分に目覚め、宇宙に目覚め、自分の可能性と自由を手に入れようとしています。

そしてあなたもその一人、まだ本当に実現するのは少し先かもしれません。

でも、あなたのどこかが、すでに決心しています。

私は目覚め、自分の平和と自由と創造性を取り戻そうと。

そのときが来たとき、プロセスは一人ずつ違っていても、それは必ず実現してゆきます。

あなたのペースで、あなたのやり方で、楽しんだり苦しんだり、喜んだり悲しんだりして、学びを進めてゆきましょう。

自分自身と向き合うことはつらいかもしれない

時に自分の中を見ることがとてもつらいこともあります。

できることならば、こんなことはしたくない、と思うときもあるでしょう。

でもね、そんなときはそっと自分にやさしく話しかけてください。

「大丈夫よ。今はつらいかもしれないけれど、でも大丈夫。

ちゃんと自分を見つめ、自分の中にあるあなたを制限している思い、あなたをつらくしている考え方に気づけば、とても楽になるから。

今までにない自由と平和を手に入れることができるから」と。

そして、人によっては、ただただ、楽しいプロセスかもしれません。

あまり苦にならない道かもしれません。

そんな恵まれたあなたは、どんどん先に進みましょう。

この道は誰もが行く道。

一人行くごとに、その道は踏み固められ、広げられてゆきます。

そして、あとから行く人々の足元を照らし、ゆく道を平らかにしてゆくのです。

あなたが前に進み、宇宙との一体感を深めてゆくとき、それは他の人々がそこに達する道をやさしくしてあげるのです。


私たちは一つです。

みんな一緒に進んでいます。誰が早い、遅いということはありません。

みんなが自分のペースで、自分の場所で、一人ずつ、着実に道を行く、それが今の私たちです。

自分が一歩進むとき他の人の一歩を助けているのをみんな、知っています。他の人の一歩が自分の一歩を大きく助けてくれていることも知っています。


そう、私たちはともに進んでいます。

自分の役割を果たしています。

苦しんでいる人は、私たちみんなのために苦しんでいます。

楽しんでいる人は、私たちみんなのために楽しんでいます。

平和に静かな人生を送っている人は、私たちみんなのためにそのように平和を実現しているのです。


そして、多くの人が平和を体験し、宇宙と一体化し、インスピレーションで生きるようになるにつれて、世界が変わってきます。

みんなが、いままでにないスピードで、自分自身に目覚め、宇宙と一体化し、うちなる平和を見つけだすからです。そして今、それが起こっています。


地球全体に本当の平和がいつ実現するのか、それは実は問題ではありません。

私たち一人ひとりの中にある平和が深まり広がり、完全なる宇宙の平和を映し出すようになること、それが大切なのです。

そして、一人ひとりが自分のペースでそれを実現してゆくのです。

そして、そのような人が多くなればなるほど、世界は急速に変化してゆくでしょう。

日々感謝し、人に親切に、自分にやさしく生活する

宇宙の流れに乗るためにいちばん必要なこと、それは自分自身を信頼することです。どんな状況にいても、自分を信頼しましょう。

自分を信頼するということは、実は宇宙を信頼することと同じです。あなたは宇宙だからです。

私たちはみな、宇宙の一部であり、宇宙と一つだからです。

孫悟空のお話の中で、私が大好きなお話があります。

孫悟空が乱暴を働いて大騒ぎしているのに、結局はお釈迦《しゃか》様の手の上で駆け回っているだけだった、お釈迦様の手のひらから落ちることも、別のところに行くこともできなかった、というお話です。

私たちは宇宙の一部であり、宇宙の中にいます。

私たちがどんなにひどいことをしても、宇宙は私たちを追い出したりはしません。どんなことがあっても、私たちが宇宙から落っこちてしまうことはありません。どんなことがあっても、私たちは宇宙の愛に囲まれています。どんなことがあっても、宇宙は私たちに愛と光を送って私たちを応援しています。

そして、私たちが素直に心を開きさえすれば、宇宙は知恵と導きを私たちに与えてくれるのです。

これは宇宙にお任せする、ということでもあります。

自分の意思を貫き通すことも、時にとても大切です。

自分の願いを強く思って、それを実現させることも人生を明るくします。

でも、もう一つ、自分よりももっと大きくて広くて輝いている存在にお任せする、という方法もあります。

時に、この方法も試してみましょう。

「宇宙よ、私はすべてをお任せします、何がやってくるか、楽しみにしています」と言ってみてはいかがでしょうか。

お任せといっても、あなたが何もしないで寝ていればよい、というわけではありません。

もちろん、あなたは日々、感謝し、まじめに、人に親切に、自分にやさしく生活しなければなりません。

そして、宇宙が送ってくれる知恵や導き、つまり、あなたにやってくる直感やインスピレーションに従って、行動したり、自分の考えや思いを変えたりする必要があります。

でも、あなた自身が頭で考えたり、エゴでこうなってほしいと思ったりしたことではなく、宇宙からの導きがあなたの行動基準になります。

あなたは宇宙の、または神のといってもよいのですが、使者、または道具となるのです。

宇宙は宇宙全体の、人類全体の、地球全体のことを考えて、私たちを最もよいように使ってくれます。

それは全体のためであると同時に、私たちの人生も輝かしく、楽しく、生きる意味を持ったものにしてくれます。

自分を信頼するとき、私たちは人生に意味を見出《みいだ》します。

宇宙と一つになって、いわば、宇宙の指令に従って、迷うこともなく、間違うこともなく、素直に平和に生きてゆくようになるのです。

そのとき、本当の意味であなたの人生は、そして運命は完全に変化し、深く広く、明るくなってゆきます。

本当に生きるとはどのようなことか、わかりはじめます。

全体と一つになり、すべてを新しい視野で見ることができるようになります。

物事の意味がいままでよりもずっと深くわかるようになります。

そして、何よりも、人生が生きる意味を持ちはじめます。

もう、自分の人生はつまらない、私の人生によいことなんてない、などということはないでしょう。

そして、すべての人と、すべての生き物と、宇宙のすべてと、私たちが一つであることがわかってくるのです。

人生は自分が作るものであり、宇宙の一部として、宇宙と共同創造のプロセスが私たちの人生であることがわかったとき、私たちは自分の持つ創造性を初めて十分に発揮できるようになります。

そして今、世界中の多くの人々がそのように変化しています。

特に二一世紀になって、その流れはますます速くなっています。

あなたもその流れの中の一人です。宇宙の大きな流れに抵抗せずに、ゆったりと身を任せるとき、この世界がどのようになってゆくのか、とても楽しみです。

あなたはどんなときも、
一人ではない

それでもなお、時に迷うこともあるでしょう。
でもそれは、より広くより明るい
自分になるための迷いです。
それを繰り返しながら、
私たちはますます宇宙と一つになり、
すべてと一つになり、自分自身を深め、信頼し、
イキイキとした人生を作り出してゆきます。

終わりに〜あなたの「そのとき」が始まるとき

私たちは今、宇宙と一つである自分に目覚めるプロセスにいます。それも、急速にそれは生じています。

私が精霊と出会ってから二四年、最初はほとんど、このようなことを知っている人はいませんでした。

でも今は、多くの人々が三次元を超えた世界を体験しています。そして、宇宙的な存在である自分に目覚めています。

これは決して難しいことではありません。

あなたにその用意ができたとき、自然といままでよりも大きくて広い世界を感じられるようになります。

それまで、「うそでしょ」「まさか」「おかしい」「気持ち悪い」などと思っていた事柄が、とても自然で当たり前に感じられるようになります。

あなたはあなたのままでよいのです。急ぐ必要も、あせる必要も、自分はおかしいのかななどと思う必要も、何一つありません。

すべてはあるようにあるのです。

すべてはあなたの持つペースと時期に合わせて、こうしたことは起こってきます。

宇宙が、「さあ、あなたの番よ」と言ってきたとき、あなたのそのときが始まります。

いままで、腑《ふ》に落ちなかったことも腑に落ちるようになります。

人のせいにしていたことが、実は自分が引き寄せたことだと気がつきます。

当たり前だと思っていたことが、実はとてもありがたいことであることに気づいて、感謝が湧きあがってきます。

生きていることこそ、不思議な奇跡そのものだ、ということにも気づきます。

今は、こうした気づきのスピードがとても速くなっています。

一年前までは、スピリチュアルなことなど、まるっきり関心がなかったのに、一冊の本に出会ったばかりに夢中になって、一年後には宇宙のメッセージを上手に受け取るようになったという人もいっぱいいます。

二〇一二年には、多くの人々が覚醒《かくせい》して、人類の意識は新しい次元に入るという人もいます。その時期が本当かどうかはともかく、私たちの意識が大きく広がり、宇宙と一体化するにしたがって、どのような世界が開けてゆくのか、とても興味深いと思います。

そして、やはり、あなたはあなたのままでよいのです。

ただ、この本を読んでくださったのですから、毎日をしっかりと、自分にやさしく、人にやさしく、まじめに明るく過ごしてください。

かくいう私も時として、そのようにできないことがあります。

そのときこそ、自分にやさしくして自分を許し、そして、翌日、また謙虚に自分にやさしく、人にやさしく、まじめに明るく過ごせばよいのです。

宇宙の愛と光をいつも感じてください。

山川亜希子

文庫版あとがき

『人生は奇跡の連続！』の元になった単行本は、２００９年に大和書房から出版されました。ずっと翻訳の仕事に携わっていた私にとって、この本は自分で書いた二冊目の本です。

私は夫の山川紘矢《やまかわこうや》と共に、欧米の精神世界の本を日本語に翻訳する仕事を30年前からずっと続けています。今まで数多くの本を翻訳していますが、どの本も、私達は誰もがとても大切な存在であること、私達は魂そのものであることを教えています。同時に、目に見えない世界が存在すること、肉体は死んでも魂は死なず、輪廻転生を繰り返していることなどについて、書かれています。

本を訳しながら、私も少しずつ自分自身について、見えない世界について、そして私達は何ものであるかについて、学びを深めてきました。この本は、その学びの途中で私が学び取ったことを、やさしく思いを込めて書いた本です。

特に、私が言いたかったのは、本の終わり頃に書いたことでした。

『自分で何から何までコントロールしたり、計画を立てたり、全てを管理しようとするのは止めてみませんか』

これまで、私達は自分の頭でしっかり考え、調べ、計画を立て、何かを始めたら自分の思う方向へと物事をコントロールしなければならないと、どこかで思い込んでいました。それが仕事や人生をうまく行かせるためのコツであり、ほとんど絶対的な条件だ、と教え込まれていたからでした。

でも、30年前、シャーリー・マクレーンの本を訳してからの私の人生は、そんな自分の頭で考えたことや計画したことや想像したこととは、まったく違うことばかり起こるようになりました。日々、思いもよらないこと、それまでの人生からは想像もできないことが、怒濤のように起こり続けたのです。

それまでは私はかなりの頭人間でした。自分の頭で考えたことしか価値がない、頭でちゃんと考えられる人こそが優れた人であり、社会で成功する人なのだと思っていました。でも、日々、思いもかけないことばかりが起こるようになってからは、いつか自分の頭で計画したり考えたりすることを諦めてしまいました。日々起こってくる夢にも思わなかった事に対応するのに精一杯で、とても先のことを計画したり、起こっていることにうまく対応するためにどうすれば良いか考えたりする暇がなかったのでした。それは今思えば、『自分であれこれ考えるのは止めなさい。全てをお任せしなさい』という、神さまからのメッセージであり、その訓練だったのでしょう。

そして、何年かたった頃、私は『物事や時の流れに素直に従うことこそが、人生を豊かに、安心して生きて行くための基本なのだ』とわかってきたのでした。そして、自分で計画することも、どうすればうまく行くかあれこれ考えることも手放したとき、私のもとには以前よりももっと素晴らしくて楽しい事がどんどんやってくるようになりました。

私は流れに乗って、自分よりももっと大きな存在の導きのままに生きていれば良くなったのです。何かを心配する必要もなくなりました。何が起こるのか、何がやってくるのか、ワクワクしていれば、物事はどんどん進んで行きました。

もちろん、うまく行かないことも時にはありました。でも、その後には、そのうまく行かないことがなかったならば、絶対に起こらなかったような素敵なことが起こったりしました。全てはちゃんと順序立って起こっている、全ては良きことのために起こるのだ、ということもわかってきたのです。

そして、そのことをぜひ、伝えたくて、私はこの本を書いたのでした。今では多くの人達がこの人生の生き方をマスターしています。でもまだ、このことを知らずに頑張っている人達も、世界中に一杯います。もし、みんながそれを理解して、流れに乗って生きることができるようになれば、世界には戦争や争いはなくなるでしょう。だって、宇宙が用意している自分のための素晴らしい人生をみんなが受け取るようになれば、誰もが素晴らしい人生を謳歌するようになって、もうお互いに争う必要はなくなると思うからです。

この本を書いてからすでに7年たちました。その間にも、私は数多くの学びを得てきました。病気をしてそこから抜け出すために、さらに深く自分自身を見つめました。子供の頃に作り出した心理的なトラウマにやっと気づいたことも何回かありました。そのたびに、もっと自由に、もっと明るく、もっと幸せになって行きました。

そして何よりも、流れに乗れば良いのだ、全ては宇宙の計画、神の計画なのだという確信が、どんどん深くなって行きました。私達の幸せを望んでいる彼らの仕事に抵抗しなければ、私達は上手に川の流れに乗って、悠々と周りの風景を楽しみながら人生を楽しむことができるのだという思いは、すでに『これしかない』という思いに変わっています。

人生、焦る必要はまったくありません。私達はすでに自分の人生を宇宙と一緒に計画してきています。それを思い出して、生まれる前に計画したことが起こってくるのを楽しみにしていれば、人生は本当に豊かに、楽しく、創造的になって行くのです。宇宙からの贈り物を素直に受け取れば良いだけなのですから。

自分で何とかしようなどと思わずに、ゆったりと大いなるものにお任せしていれば良いのです。すると、私達がすべきことは、直感としてやってきたり、他の人を通じてあなたのもとに届けられたりします。それがあなたのところにやってきたら、それを受け取って楽しんで行動に移せば良いのです。そしてその行動ですら、流れに乗っていればちゃんと、あなたには何をすれば良いのか、すぐにわかるでしょう。そして、あなたの仕事を助けてくれる人や物事がどんどんやってくるのです。宇宙の計画は完璧で、あなたが自分のしたいことやすべきことをし始めると、ちゃんと良い環境や助っ人まで用意してくれるからです。

だからこそ、人生は奇跡の連続なのです。まさに奇跡だらけです。あり得ないことが日々、起きているのです。何しろ宇宙が用意してくれたことなのですから。それもあなたのために。あなただけのために。だからあなたはそれを素直に受け取って、ありがとうと心から感謝すれば良いのです。

すると、あなたの目に映る世界が変わります。この世界がどれほど美しいか、わかり始めます。空の色も、花の色も、海の色も、町を行く人の姿も、今までとは違う光を持ち始めます。

宇宙にお任せすれば良いと気づいたとき、流れに乗ることの大切さに気づいたとき、そしてそのように人生を生き始めたとき、あなたは今までとは違うもっと明るい世界に生き始めるからです。

この7年間に、そのような世界に多くの人が誘《いざな》われています。そして、多くの人が宇宙の叡智に気づき、自分もその一部であることを知り始めています。そして今、あなたもまた、その世界へと導かれているのです。またはその世界をもっと深めようとしているのです。

この本を手にとってくださって、本当にありがとうございました。小さくてすぐに読める本ですが、宇宙からのメッセージだと思ってもう一度、読んでくださいね。そして何よりもそこにある波動を感じてください。もし、あなたの心に少しでも響くところがあったならば、宇宙にありがとうと伝えてください。

宇宙さん、ありがとう。これからもよろしく！

最後に、この本を私に書くようにと言ってくださった岡村季子さん、単行本として出版してくださった大和書房、単行本を読んでくださったみなさん、そして今回、文庫の一冊にとりあげてくださったＫＡＤＯＫＡＷＡと丁寧に編集してくださった藤田有希子さんに、心から感謝いたします。

２０１６年６月

山川亜希子

本書は二〇〇九年六月に大和書房より刊行された単行本『運命の流れに乗り、宇宙と一つになる――人生は、奇跡の連続！』を改題し文庫化したものです。

人生《じんせい》は奇跡《きせき》の連続《れんぞく》！
山川亜希子《やまかわあきこ》

平成28年 7月25日　初版発行
令和7年 1月25日　6版発行

発行者●山下直久

発行●株式会社KADOKAWA
〒102-8177　東京都千代田区富士見2-13-3
電話　0570-002-301（ナビダイヤル）

角川文庫 19858

印刷所●株式会社KADOKAWA
製本所●株式会社KADOKAWA

表紙画●和田三造

●お問い合わせ
https://www.kadokawa.co.jp/（「お問い合わせ」へお進みください）
※内容によっては、お答えできない場合があります。
※サポートは日本国内のみとさせていただきます。
※Japanese text only

ISBN978-4-04-104234-2　C0195

角川文庫発刊に際して

角川源義

第二次世界大戦の敗北は、軍事力の敗北であった以上に、私たちの若い文化力の敗退であった。私たちの文化が戦争に対して如何に無力であり、単なるあだ花に過ぎなかったかを、私たちは身を以て体験し痛感した。西洋近代文化の摂取にとって、明治以後八十年の歳月は決して短かすぎたとは言えない。にもかかわらず、近代文化の伝統を確立し、自由な批判と柔軟な良識に富む文化層として自らを形成することに私たちは失敗して来た。そしてこれは、各層への文化の普及滲透を任務とする出版人の責任でもあった。

一九四五年以来、私たちは再び振出しに戻り、第一歩から踏み出すことを余儀なくされた。これは大きな不幸ではあるが、反面、これまでの混沌・未熟・歪曲の中にあった我が国の文化に秩序と確たる基礎を齎らすためには絶好の機会でもある。角川書店は、このような祖国の文化的危機にあたり、微力をも顧みず再建の礎石たるべき抱負と決意とをもって出発したが、ここに創立以来の念願を果すべく角川文庫を発刊する。これまで刊行されたあらゆる全集叢書文庫類の長所と短所とを検討し、古今東西の不朽の典籍を、良心的編集のもとに、廉価に、そして書架にふさわしい美本として、多くのひとびとに提供しようとする。しかし私たちは徒らに百科全書的な知識のジレッタントを作ることを目的とせず、あくまで祖国の文化に秩序と再建への道を示し、この文庫を角川書店の栄ある事業として、今後永久に継続発展せしめ、学芸と教養との殿堂として大成せんことを期したい。多くの読書子の愛情ある忠言と支持とによって、この希望と抱負とを完遂せしめられんことを願う。

一九四九年五月三日

角川文庫海外作品

宇宙からの手紙

マイク・ドゥーリー
山川紘矢・山川亜希子＝訳

もし宇宙からあなたに、人生を豊かにするためのメッセージが毎日届いているとしたら……？『ザ・シークレット』の賢者が、そんな宇宙からの言葉を愛情たっぷりに伝えてくれる、心癒やす人気シリーズ第一弾。

宇宙からの手紙2

マイク・ドゥーリー
山川紘矢・山川亜希子＝訳

『ザ・シークレット』の賢者、マイク・ドゥーリーが、宇宙からあなたに届く愛のメッセージを伝えてくれます。開いたページにあなたに必要な言葉がきっと載っているはず。幸せを感じる一冊。

宇宙からの手紙3

マイク・ドゥーリー
山川紘矢・山川亜希子＝訳

「幸せ」は特別なことがなくても、普段の生活の中でたくさん見つけられます。幸せをキャッチする力を高めるために、ぜひ読みたい宇宙から届くメッセージ集第3弾。心がけひとつで人生は変わります！

アウト・オン・ア・リム

シャーリー・マクレーン
山川紘矢・山川亜希子＝訳

実りのない恋が、思わぬ体験に彼女を導いた。行動派で知られる女優が、数々の神秘体験をきっかけとして、本当の自分、神、宇宙について学びながら、大いなる世界に目覚めていく過程を綴る。

世界最強の商人

オグ・マンディーノ
山川紘矢・山川亜希子＝訳

ハフィッドは師から成功の秘訣が書かれた10巻の巻物を譲られる。教えに従い成功したハフィッドは巻物を継ぐ人物を密かに待ち続ける。現れた青年とは……。人生成功の原理をわかりやすく説く大人の寓話。

角川文庫海外作品

その後の世界最強の商人

オグ・マンディーノ
山川紘矢・山川亜希子＝訳

ハフィッドは講演旅行でローマを訪れ、巻物を渡した青年パウロが理不尽に捕らえられていることを知る。処刑された彼の遺志を継ぎ、ハフィッドは残りの人生をかけた、ある壮大な計画を思いつく。感動の名著！

聖なる予言

ジェームズ・レッドフィールド
山川紘矢・山川亜希子＝訳

南米ペルーの森林で、古代文書が発見された。そこには人類永遠の神秘、魂の意味に触れた深遠な九つの知恵が記されているという。偶然とは思えないさまざまな出逢いのなかで見いだされる九つの知恵とは。

第十の予言

ジェームズ・レッドフィールド
山川紘矢・山川亜希子＝訳

ペルーの森林で「すべては偶然ではない」ことを学んだ著者。霊的存在としての人類は、なぜ地球上に出現したのか。そしてこれから何処に向かおうとしているのか。世界的ベストセラー『聖なる予言』の続編。

聖なるヴィジョン

ジェームズ・レッドフィールド
山川紘矢・山川亜希子＝訳

困難な人間関係、壊れていく教育、混迷する世界経済。「私たちのすべきことは、自分の気づきを行動に移すことであり、信念を持つことである」。『聖なる予言』の著者が、来るべき時代の夜明けを告げる必読の書。

第十一の予言
シャンバラの秘密

ジェームズ・レッドフィールド
山川紘矢・山川亜希子＝訳

伝説の地「シャンバラ」で、何世紀にもわたり伝えられているという「知恵」を求め、また新たな魂の旅が始まろうとしていた――大ベストセラー「聖なる予言」シリーズ第三弾!!

角川文庫海外作品

第十二の予言
決意のとき

ジェームズ・レッドフィールド
山川紘矢・山川亜希子＝訳

「霊的知識の学び」の重大な秘密が記された古代文書の一部を手に入れた「私」とウィルは、全12部あるというその文書を探す旅に出る。導かれたのはパワースポット、セドナ。突然目の前に現れた人々とは……！

富を「引き寄せる」科学的法則

ウォレス・ワトルズ
山川紘矢・山川亜希子＝訳

お金や資産は、「確実な方法」にしたがって物事を行った結果、手に入るものです。この確実な方法にしたがえば、だれでも間違いなく豊かになれるのです――。百年にわたり読み継がれてきた成功哲学の名著。

アルケミスト
夢を旅した少年

パウロ・コエーリョ
山川紘矢・山川亜希子＝訳

羊飼いの少年サンチャゴは、アンダルシアの平原からエジプトのピラミッドへ旅に出た。錬金術師の導きと様々な出会いの中で少年は人生の知恵を学んでゆく。世界中でベストセラーになった夢と勇気の物語。

星の巡礼

パウロ・コエーリョ
山川紘矢・山川亜希子＝訳

神秘の扉を目の前に最後の試験に失敗したパウロ。彼が奇跡の剣を手にする唯一の手段は「星の道」という巡礼路を旅することだった。自らの体験をもとに描かれた、スピリチュアリティに満ちたデビュー作。

ピエドラ川のほとりで私は泣いた

パウロ・コエーリョ
山川紘矢・山川亜希子＝訳

ピラールのもとに、ある日幼なじみの男性から手紙が届く。久々に再会した彼から愛を告白され戸惑うピラール。しかし修道士でヒーラーでもある彼と旅するうちに、彼女は真実の愛を発見する。

角川文庫海外作品

第五の山

パウロ・コエーリョ
山川紘矢・山川亜希子＝訳

混迷を極める紀元前9世紀のイスラエル。指物師として働くエリヤは子供の頃から天使の声を聞いていた。だが運命はエリヤのささやかな望みをかなえず、苦難と使命を与えた……。

ベロニカは死ぬことにした

パウロ・コエーリョ
江口研一＝訳

ある日、ベロニカは自殺を決意し、睡眠薬を大量に飲んだ。だが目覚めるとそこは精神病院の中。後遺症で残りわずかとなった人生を狂人たちと過ごすことになった彼女に奇跡が訪れる。

悪魔とプリン嬢

パウロ・コエーリョ
旦　敬介＝訳

「条件さえ整えば、地球上のすべての人間はよろこんで悪をなす」悪霊に取り憑かれた旅人が、山間の田舎町を訪れた。この恐るべき考えを試すために――。

11分間

パウロ・コエーリョ
旦　敬介＝訳

セックスなんて11分間の問題だ。脱いだり着たり意味のない会話を除いた〝正味〟は11分間。世界はたった11分間しかかからない、そんな何かを中心にまわっている――。

ザーヒル

パウロ・コエーリョ
旦　敬介＝訳

満ち足りた生活を捨てて突然姿を消した妻。彼女は誘拐されたのか、単に結婚生活に飽きたのか。答えを求め、欧州から中央アジアの砂漠へ、作家の魂の彷徨がはじまった。コエーリョの半自伝的小説。

角川文庫海外作品

ポルトベーロの魔女
パウロ・コエーリョ
武田千香＝訳

悪女なのか犠牲者なのか。詐欺師なのか伝道師なのか。実在の女性なのか空想の存在なのか——。謎めいた女性アテナの驚くべき半生をスピリチュアルに描く傑作小説。

ブリーダ
パウロ・コエーリョ
木下眞穂＝訳

アイルランドの女子大生ブリーダの、英知を求めるスピリチュアルな旅。恐怖を乗り越えることを教える男と、魔女になるための秘儀を伝授する女がブリーダを導く。愛と情熱とスピリチュアルな気づきに満ちた物語。

今日という日は贈りもの
ナンシー・ウッド
井上篤夫＝訳

「後悔によっては何一つ変えることはできない、自分が擦り減ってしまうだけ。必要なだけの勇気は、自分自身の中にある」——ロングセラー『今日は死ぬのにもってこいの日』の著者が贈る、愛と感動の言葉集。

新訳 道は開ける
D・カーネギー
田内志文＝訳

「人はどうやって不安を克服してきたか」人類の永遠とも言えるテーマに、多くの人の悩みと向き合ってきたカーネギーが綴る、現代にも通ずる「不安、疲労、悩み」の克服法。名著『道は開ける』の新訳文庫版。

人生は廻る輪のように
エリザベス・キューブラー・ロス
上野圭一＝訳

国際平和義勇軍での難民救済活動、結婚とアメリカへの移住、末期医療と死の科学への取り組み、そして大ベストセラー『死ぬ瞬間』の執筆。死の概念を変えた偉大な精神科医による、愛とたたかいの記録。